Schriften der Philosophischen Fakultäten der Universität
Augsburg

Herausgegeben von
Gunther Gottlieb, Henning Krauß und Werner Wiater

Redaktion: Volker Dotterweich

Nr. 68

Philosophisch-erziehungswissenschaftliche Reihe

Philosophisch-Sozialwissenschaftliche Fakultät
Philologisch-Historische Fakultät

Werner Wiater   Elisabeth Dalla Torre   Jürgen Müller

Werkstattunterricht

Theorie – Praxis – Evaluation

VERLAG ERNST VÖGEL · 81827 MÜNCHEN

2002

Gedruckt mit Unterstützung der Fakultät
für Bildungswissenschaften der Freien Universität Bozen

Die Deutsche Bibliothek – CIP-Einheitsaufnahme

Wiater, Werner
Werkstattunterricht: Theorie – Praxis – Evaluation / Werner Wiater; Elisabeth Dalla Torre;
Jürgen Müller. – München: Vögel, 2002

(Schriften der Philosophischen Fakultäten der Universität Augsburg; Nr. 68: Philoso-
phisch-erziehungwissenschaftliche Reihe)

ISBN 3-89650-130-5

ISBN 3-89650-130-5

ISSN 0933-7121

Fotos auf dem Titelbild:
Südtiroler Schülerinnen und Schüler bei der Werkstattarbeit

Herstellung: Druck + Verlag Ernst Vögel GmbH, 93491 Stamsried

Inhaltsverzeichnis

Einleitung:
Werkstattunterricht als Grundform offenen Unterrichts

In den letzten eineinhalb Jahrzehnten ist der „offene Unterricht" zu einem zentralen Thema der Schulpädagogik, näherhin der Methodengestaltung des Unterrichts geworden. Immer häufiger wird in diesem Zusammenhang auch von „Werkstattunterricht" gesprochen, von Lernwerkstätten und von Werkstattlernen. Geht man dem Zusammenhang beider Begriffe nach, so ergibt sich nicht nur deren gemeinsamer zeitlicher Ursprung, sondern auch deren inhaltliche Relation.

1. Offener Unterricht

In der Fachliteratur wird „Offener Unterricht" wie folgt definiert:

Offener Unterricht ist ein Sammelbegriff für unterschiedliche Reformansätze pädagogischer, methodischer, inhaltlicher und organisatorischer Öffnung von Unterricht; gegenüber dem lehrerdominierten Unterricht liegt ihm ein verändertes Bild vom Schüler/von der Schülerin, von der Aufgabe der Schule und vom Lernen zugrunde.

Eine solche Definition impliziert,

– dass Offener Unterricht sich immer weiterentwickelt, da er in der Schule Offenheit und Öffnung aller Beteiligten gegenüber Neuem meint

– dass Offener Unterricht verlangt, dass Lehrer, Schüler, die Schulgemeinschaft, die Schülereltern und die Schule insgesamt offen werden für Kommunikation, Kooperation und Innovation

– dass Offener Unterricht viel mit dem Verhältnis und Umgang von Lehrern/Lehrerinnen und Schülern/Schülerinnen zu tun hat

– dass Offener Unterricht das Methodenarsenal um neue Lehr- und Lernformen erweitert

– dass Offener Unterricht nicht allein den Lerninhalten aus der Kulturtradition verpflichtet ist, sondern gegenwarts- und zukunftsbezogene Probleme und Themen sowie dass die Fragen und Interessen der Schüler ebenfalls hier Platz finden

– dass Offener Unterricht einerseits das Klassenzimmer und das Schulgebäude verlässt, um Kontakt zu außerschulischen Lernorten, kulturellen, pädagogischen und sozialen Institutionen vor Ort herzustellen, und andererseits den Schulmorgen neu gestaltet, um der Rhythmisierung mehr Rechnung zu tragen, und drittens das Klassenzimmer durch Lernecken, Experimentierecken und Ecken für praktisch-handwerkliches Tun umgestaltet

- dass Offener Unterricht im Schüler/in der Schülerin ein lernendes Subjekt mit spezifischen Lern- und Lebenserfahrungen sieht und nicht ein Objekt der Belehrung, über das man sich als Lehrer sein Bild zurechtgelegt hat

- dass Offener Unterricht einen erweiterten Lern- und Leistungsbegriff hat, der nicht nur fachliches Wissen und Können umfasst, sondern daneben auch Arbeitstechniken und Lernstrategien, Ich-Erfahrungen und Gemeinschafts- erleben, Selbstwertgefühl, Selbststeuerung und Selbsteinschätzung für wich- tige Lern- und Leistungsbereiche der Schule hält

- dass Offener Unterricht Schülern/Schülerinnen ein Lernen ermöglicht, das ihrer Verschiedenheit Rechnung trägt, ihre Selbstständigkeit und Eigen- verantwortlichkeit herausfordert, die Fächergrenzen überschreitet, sie mit allen Sinnen und ganzheitlich vorgehen lässt, sie durch eine handlungs- orientierte Methodenvielfalt aktiviert sowie sie die Bedeutsamkeit und prak- tische Anwendbarkeit des Gelernten erfahren lässt

- dass Offener Unterricht die Lehrerrolle neu akzentuiert, weg vom domi- nanten Wissensvermittler und Einzelkämpfer, hin zum Lernbegleiter und Ex- perten, der die Lernprozesse der Schüler initiiert, begleitet, wenn nötig steuert, unterstützt und (durch Bereitstellen von Lernmaterialien) arrangiert und der im Team mit anderen Lehrern arbeitet

- dass Offener Unterricht nicht die einzige Unterrichtsform sein kann, sondern nur in Verbindung mit lehrergesteuertem Unterricht und direkter Instruktion seine Potenziale entfalten kann.

Offener Unterricht war in den Anfängen ein *Gegenbegriff* zu „ge- schlossenem" Unterricht im Sinne der „geschlossenen Curricula" der 70er Jahre des letzten Jahrhunderts und des damaligen lehrerzentrierten Frontalunterrichts. Von Anfang an orientierte sich diese Unterrichtsform auch an der ameri- kanischen Bewegung „open education" und dem englischen Konzept „informal education" und stellte den Zusammenhang zu den schülerorientierten Be- strebungen der Reformpädagogischen Bewegung (1880/90–1933) her, wie bei- spielsweise zu M. Montessori, C. Freinet, J. Dewey, H. Parkhurst, P. Petersen, G. Kerschensteiner und anderen. Die Renaissance solcher Ideen in den 80er und 90er Jahren des letzten Jahrhunderts erklärt sich aber auch aus der Schulkritik, näherhin aus einer tief sitzenden Unzufriedenheit mit dem schulischen Lernen. Sie gipfelt in den Vorwürfen, die Schule ersticke alle Lernfreude der Schüler durch Stofffülle und Abfragewissen ohne Lebensnähe und lebenspraktischen Bezug, sie kenne nur Lernen auf Vorrat, weise einen stereotypen lehrer- zentrierten Unterricht auf, der zum rezeptiven, passiven Lernen und zu Konkurrenzdenken führe. Ferner sei der Unterricht in dieser Schule verkopft und missachte sowohl die Emotionalität der Schüler als auch das praktische Tun beim Lernen, Kinder und Jugendliche würden in der Schule „behandelt", müssten sich dem belehrenden und kontrollierenden Lehrer unterordnen. Das alles passe weder mit den Veränderungen zusammen, die sich für die Schüler in ihrer privaten Lebenswelt ergeben hätten, noch mit den gesellschaftlichen Veränderungen und globalen Herausforderungen gegen Ende des 20. Jahrhunderts.

Aus solcher Kritik entwickelte sich das neue Konzept des Offenen Unterrichts, in dem Unterricht, Erziehung und Lernen untrennbar verbunden sind, für den Handlungsfähigkeit und Mündigkeit die entscheidenden Ziele sind und der die Selbst- und Mitwirkung des Schülers beim Lernen in den Mittelpunkt stellt.

Schüler/Schülerin, Lernen, Unterricht und Erziehung stehen also beim Offenen Unterricht in einem engen Zusammenhang. Das führt W. Wallrabenstein, einen der frühen Verfechter dieser Unterrichtsform, zur Formulierung folgender 10 *Qualitätskriterien* Offenen Unterrichts:

1. *Vielfalt schüleraktivierender Methoden*
2. *Freiräume zum vertiefenden, spielerischen, selbstständigen entdeckenden Lernen*
3. *Umgangsformen mit klaren Regeln und emotionaler Akzeptanz*
4. *Schülerselbstständigkeit beim Lernen*
5. *Förderorientierte Lernberatung durch den Lehrer*
6. *Erfahrungslernen durch direkte Begegnung mit der Umwelt*
7. *Sprachkultur beim Umgang miteinander, beim Sprechen über sinnlich-konkrete Erfahrungen und über Fachinhalte*
8. *Beziehungsarbeit als Teil der Lehrerrolle*
9. *Unterricht als gemeinsame Arbeit von Schülern und Lehrern*
10. *Handlungsorientierte Lernumgebungen*
    (nach Wallrabenstein 1991, S. 170 f.).

Prinzipien eines Offenen Unterrichts sind demnach:
Selbsttätigkeit, Selbststeuerung und Selbstkontrolle der Schüler/Schülerinnen
-   aktives, entdeckendes, ganzheitliches, fächerübergreifendes, handlungsorientiertes, kooperatives Lernen
-   Differenzierung und Individualisierung
-   Mitbestimmung, Mitwirkung und kooperative Verantwortung
-   sozial-integrativer und kooperationsoffener Führungsstil.

Entsprechend dieser Prinzipien ergeben sich als Ziele des Offenen Unterrichts:

1. *Die Schüler sollen Lernaufgaben nach Interesse, Neigung und Lern-/ Leistungsstand selbst auswählen, sich selbst Ziele setzen, ihre Zeit einteilen, passende Arbeitsmittel auswählen, geeignete Arbeitsplätze finden, Arbeits-*

anweisungen verstehen und ausführen, sich selbst Informationen beschaffen, Informationen auswerten usw.

2. *Die Schüler sollen sich mit anderen Schülern absprechen, gemeinsam Regeln aufstellen und einhalten, tolerant sein, Rücksicht nehmen, eigene Grenzen erkennen, Partner suchen, für andere offen werden usw.*

3. *Die Schüler sollen den eigenen Lernfortschritt selbst feststellen, Erfolge sehen, etwas ausprobieren und Fehler machen können usw.*

4. *Die Schüler sollen Gehör, Geruch, Sehen, Schmecken, Fühlen, Riechen, Greifen, Anfassen, Umgehen mit den Dingen als Möglichkeiten des Lernens erfahren.*

5. *Die Schüler sollen Könnenserfahrungen machen, sich mit ihren individuellen Fähigkeiten erproben, sich derer bewusst werden und die eigenen Grenzen akzeptieren.*

6. *Die Schüler sollen erfahren, dass jeder für sein Lernen, seinen Arbeitsplatz und auch für die anderen in seiner Gruppe Verantwortung trägt.*

7. *Die Schüler sollen statt zu konsumieren, selbst aktiv werden, Ideen produzieren, kreativ sein, sich anstrengen für ein selbst gestecktes Ziel, bei einer Sache solange bleiben, bis sie erledigt ist, die Techniken und Vorgehensweisen herausfinden und kennen, die dafür nötig sind usw.*

Die *Realisierung* Offenen Unterrichts ist natürlich an bestimmte Bedingungen und Voraussetzungen gebunden. Zunächst spielen die äußeren und inneren Rahmenbedingungen eine Rolle wie die Größe der Klassenzimmer und der Stundenplan. Wichtiger noch sind die Fähigkeiten und Verhaltensweisen der Schülerinnen/Schüler, ob sie beispielsweise bereits über die Arbeitstechniken, Lernstrategien, Entscheidungsfähigkeiten und Arbeitsverhaltensweisen verfügen, die zur sachgerechten Lösung der Arbeitsaufgaben im Offenen Unterricht nötig sind, oder ob sie sich an die Verhaltensregeln halten, die zum konfliktfreien und konzentrierten Arbeiten in Phasen Offenen Unterrichts erforderlich sind. Vorausgesetzt werden muss ferner die Bereitschaft und Fähigkeit des Lehrers/ der Lehrerin, sich auf die neue Rolle und die Anforderungen der geänderten Lehrer-Schüler-Interaktionen einzulassen, wie auch deren Engagement bei der zeitaufwändigen und teilweise kostenintensiven Vorplanung und Herstellung von Lernmaterialien, wie sie im Offenen Unterricht zum Einsatz kommen. Nicht zuletzt ist auch Überzeugungsarbeit bei den Eltern zu leisten, die befürchten, schüleraktives Lernen führe nicht zu den erforderlichen systematischen Lernzuwächsen, oder bei den Kollegen, die die Zusammenarbeit auf diesem Gebiet ablehnen und solche Neuerungen als „unseriös" zurückweisen, schließlich auch noch bei den Schülern höherer Jahrgänge, denen rezeptives Lernen bequemer ist als Lernen im Offenen Unterricht.

2. Werkstattunterricht

Etwa zur gleichen Zeit wie der Begriff „Offener Unterricht" wurde in die Schulpädagogik auch der Begriff „Werkstatt" eingeführt, der sich schnell mit Lernen und Unterricht verband. Anregungen dazu kamen aus der *betrieblichen Weiterbildung* (Kirchhoff/Gutzan 1982; Dunkel 1983; Woortmann 1984). Denn zahlreiche Betriebe und Firmen hatten die Erfahrung gemacht, dass Umlernen beim Produktionspersonal nicht gut ohne Berücksichtigung der Persönlichkeitsentwicklung der Betroffenen gelang. Selbstständig Probleme erkennen und Lösungsstrategien in der aus Kollegen bestehenden Lerngruppe zu erarbeiten, kreativ sein können, sich besser artikulieren lernen, all das verspricht, wie die Unternehmensführung erkannt hat, höhere Effizienz bei der Lösung von Problemen im Betrieb, größere Berufszufriedenheit sowie mehr Engagement und Verantwortungsbewusstsein für die eigene Arbeit und den eigenen Arbeitsplatz. Organisiert wurden solche Werkstätten des Lernens („Lernstätten" genannt) an Ort und Stelle im Betrieb, wobei jeder Lerngruppe aus Mitarbeitern eines Produktionsbereichs ein pädagogisch-psychologisch geschulter Moderator zugeteilt wurde. Dieser erfragt, präzisiert und koordiniert die Erfahrungen und Lernbedürfnisse der Teilnehmer. „Das Lernen selbst geschieht in den Gruppen, in denen das vorhandene Wissen ausgetauscht und ergänzt wird. Wenn dieses nicht ausreicht, werden andere Informationsquellen erschlossen (Situationsberatung durch interne oder externe Experten). Auf diese Weise soll das, was erlebt und erfahren wird, verstandesmäßig verarbeitet werden; von den Erfahrungen der Teilnehmer ausgehend wird so ein Lernprozess eingeleitet, der vom Konkreten zum Abstrakten führt (erfahrungsorientiertes Lernen). Die Gruppenerfahrungen bilden einen ebenfalls wichtigen Bestandteil in diesem Lernprozess, da Störungen in den Kommunikationsbeziehungen erkannt und bearbeitet werden" (Hohmann 1986, S. 626). Statt irgendwelchen abstrakten Wissens sollen die Teilnehmer in der Gruppensitzung „mit Hilfe des Moderators und ggf. der Situationsberater das Wissen erarbeiten, das sie ihrer Meinung nach aufgrund der von ihnen gestellten Fragen und Probleme benötigen, um ihre Arbeit zu bewältigen" (a.a.O., S. 631).

Werkstatt ist seitdem in der Schulpädagogik die Bezeichnung für eine Unterrichtsweise, die dem individuellen Lern-Leistungs-Profil der Schüler/Schülerinnen ebenso gerecht zu werden versucht wie dem didaktischen Postulat nach Selbsttätigkeit, Eigenverantwortlichkeit und Erfahrungs- orientierung beim Lernen. Trotz aller terminologischen Schwierigkeiten – schließlich ruft „Werkstattunterricht" Assoziationen zum Unterrichtsfach „Werken" ebenso hervor wie solche zu dem beliebten Modewort „Workshop" – setzen sich „Werkstatt" bzw. „Werkstattunterricht" mehr und mehr durch. „Im Werkstatt-Unterricht (WS-U) wird unsere Schulstube Spiegelbild der Arbeitsstätte eines klassischen Handwerkers. Die Schule lässt sich dann buchstäblich mit einer Werkstatt vergleichen:

Wie der Handwerker in seiner Uhrmacher-, Velomechaniker-, Töpfer- oder Schreinerwerkstatt arbeitet, so tun wir es in der Rechen-WS, Schnecken-WS, ABC-WS, Römer-WS oder 1x1-WS. Und so verschieden wie Schuhmacher- und Töpferwerkstatt eingerichtet sind, so unterschiedlich sind auch unsere Schul-WS.", schreibt K. Zürcher über dieses neue Didaktikmodell (Zürcher 1987, S. 14).

Die *Vernetzung zwischen dem beruflichen Arbeiten des Handwerkers und dem Lernen des Schülers* in der Schule wird dabei konkret und real durchgeführt. Wie in der „Handwerkerbude" liegt auch in der Schulwerkstatt (das heißt im Klassenzimmer) das nötige Handwerkszeug zweckmäßig angeordnet und griffbereit zur Hand, je nach Werkstatt verschieden. Zwar gehören Schreibgeräte, Lehrmittel, Sachbücher, Lernspiele zum „Handwerkszeug" eines jeden Schülers selbstverständlich dazu, je nach Art der Werkstatt sind es aber auch Zange, Hammer, Nägel, Kessel, Kübel, Fässer, Gläser, Gartenschlauch, Bretter, Blech, Farben usw., wenn beispielsweise im Mathematikunterricht Aufgaben praktisch gelöst, überprüft oder angewandt werden sollen. „Bestellungen", die der Handwerker meist mündlich entgegennimmt, liegen in der Schulwerkstatt in Form von Karten mit Arbeitsaufträgen schriftlich vor. „Und wie der freie Handwerker seine Arbeit selbst plant und die Zeit selbst einteilt, so ist es auch in der Schul-WS üblich. Die Schüler entscheiden selbst, was sie bearbeiten. Einige bevorzugen kurze, überblickbare Arbeitsabläufe. Andere schätzen die Herausforderung, die in aufwendigeren Aufgaben liegt" (a.a.O., S. 14).

Wie es im Alltags- und im Berufsleben auch *Aufgaben unterschiedlichen Schwierigkeitsgrades* gibt, so auch in der Schulwerkstatt; Schüler sind eben auch Lehrlinge, Gesellen oder sogar Fachleute bei bestimmten Aufträgen – in jedem Falle aber erleben sie sich als aktiv, sinnvoll und ganzheitlich Arbeitende. Hinsichtlich der engeren Zielsetzung lässt sich dabei die Fertigkeits-WS von der Übungs-WS unterscheiden (S. dazu 3.1). Während sich die Schülerinnen und Schüler bei der erstgenannten Form mit Hilfe didaktisch ausgewählter Experimente, Beobachtungsaufgaben, Spiele und arrangierter Situationen einen neuen Lerngegenstand durch neue Erfahrungen und subjektive Erlebnisse erarbeiten, also einen operativen Vorgang erleben und verstehen, geht es bei der Übungswerkstatt vorrangig um das Anwenden und Trainieren bekannten Wissens und um das Steigern einer bestimmten Fertigkeit durch Karteien, Lernspiele, Unterrichtsprogramme und allerlei sinnvoll konzipiertes Lehrmaterial, das eine Schülerselbstkontrolle ermöglicht.

Bei allen Unterschieden zwischen dem Lernort Betrieb und dem Lernort Schule lässt sich beim Grundanliegen von beiden Übereinstimmendes finden: Beiden liegt die Erkenntnis zugrunde, dass *Lernen* (und Umlernen) nur dann gelingt, wenn es *als Teil der Persönlichkeitsentfaltung* des Menschen betrachtet wird. Unbeschadet der fundamentalen Verschiedenheit vorliegender Interessen –

hier ökonomische Aspekte der Produktivitätssteigerung und der Vergrößerung von Marktanteilen, bei denen der Betriebsangehörige aktiv mitwirken soll zum Nutzen des Unternehmens und seiner selbst, dort pädagogische Aspekte der Vermittlung von Mündigkeit an Kinder und Jugendliche, von Individualität bei gleichzeitiger Sozialität zum Zwecke von Selbstbestimmung, Verantwortungsbereitschaft und Reflexivität – geht es um zwei miteinander zu verbindende *Zielsetzungen:*

1. Die Entwicklung und Intensivierung von Erlebnisfähigkeit, Beziehungsfähigkeit, Toleranz, Selbstständigkeit, Kreativität, Entscheidungsfähigkeit, Verantwortungsbewusstsein und zugleich damit um

2. die Erweiterung von Wissen, von Ausdauer, Konzentration, Ordentlichkeit beim Arbeiten, von spezifischen Arbeitstechniken und Fertigkeiten.

Diese Gemeinsamkeit muss nicht verwundern, stützen sich die Verfechter der einen wie der anderen Konzeption doch im Wesentlichen auf dieselben Gewährsleute aus der pädagogisch-psychologischen Fachliteratur (vor allem: J. Dewey, G. Kerschensteiner, R. Cohn, J. Piaget, H. Aebli, Th. Gordon, C. Rogers, E. Meyer u. a.). Ihnen ist die Grundüberzeugung gemeinsam, dass Lernen untrennbar mit der Persönlichkeitsentwicklung des Menschen zusammengesehen werden muss, dass

1. Sachkompetenz, soziale Kompetenz und Ich-Kompetenz miteinander verbunden sind

2. äußere Zielsetzungen und deren innere Verarbeitung, also exogene und endogene Komponenten in einem interaktionalen Verhältnis zueinander stehen

3. Aktivität und Selbsttätigkeit die Basis für den Aufbau intellektueller und psychischer Strukturen beim Menschen sind, da Denken nichts anderes als verinnerlichtes Handeln ist und geistige Operationen in Wirklichkeit nur Handlungen internalisieren und koordinieren

4. erfolgreiches Lernen sowohl eine freiere Arbeitsatmosphäre voraussetzt, als auch in thematischer, medialer und vor allem sozialer Hinsicht differenziert erfolgen muss.

Werkstattunterricht in der Schule kann deshalb wie folgt umschrieben werden: *Werkstattunterricht besteht in einem vom Lehrer (gegebenenfalls mit den Schülern zusammen) geplanten offenen Arrangement von Lernumgebungen aus multisensorischen und handlungsorientierten Arbeitsmaterialien mit Arbeitsaufträgen, die den Schülern zur freien Wahl und zur individuellen und selbstständigen Bearbeitung angeboten werden.*

3. Offener Unterricht und Werkstattunterricht

Die neuere Schulpädagogik sieht im „Offenen Unterricht" eine *Unterrichts-konzeption*. Unter Unterrichtskonzeptionen versteht man markante Insze-nierungsmuster, methodische Gesamtorientierungen, grundlegende Gestal-tungsmuster von Unterricht, die nicht lediglich die Einzelstunde betreffen, sondern gewissermaßen programmatisch als normative Forderungen an die Gestaltung von Unterricht zu verstehen sind. Sie richten ihre Handlungs-empfehlungen zur Planung und Durchführung von Unterrichtseinheiten und Unterrichtsstunden meist schwerpunktmäßig an einem zentralen Aspekt effektiven und „guten" Unterrichts aus und leiten daraus methodische Anwei-sungen ab. Viele Unterrichtskonzeptionen drücken das in ihrer Benennung durch den Wortbestandteil „-orientiert" aus: Lernzielorientierter Unterricht, wissenschaftsorientierter Unterricht, projektorientierter Unterricht usw. „Unterrichtskonzeptionen sind durch bestimmte Zielvorgaben, Inhalte, Metho-den, Prinzipien und Formen gekennzeichnet und in sich geschlossen. Dadurch setzen sie sich mehr oder weniger von anderen Konzeptionen ab" (Schröder, 2000, S. 93). Sie erheben nicht die theoretischen Ansprüche wie didaktische Theorien oder Modelle und sind oftmals die Praxisanwendung zu einzelnen Unterrichtsprinzipien (Wiater 1997, 2001). Sie profilieren Unterricht also unter einem speziellen Aspekt, von dem erwiesen ist, dass er für erfolgreiches Unterrichten wichtig ist.

Das gilt auch für den „Offenen Unterricht". Sein profilierender Aspekt ist die Offenheit für Schülerselbstentscheidungen, Schülereigentätigkeit und Schüler-selbstkontrolle im Lernprozess.

Der Werkstattunterricht ist neben dem Projektunterricht ein „Prototyp" des „Offenen Unterrichts". In ihm vereinigen sich dessen Merkmale zu einer Bauform von Unterricht, die Elemente der Freien Arbeit, der Tages-/ Wochenplanarbeit und des Lernzirkels/Stationentrainings zusammenführt, ohne deren eigenständiges Bestehen als Organisationsform selbsttätigen Schüler-lernens auszuschließen. In diesem Sinne kann gesagt werden: Der Werk-stattunterricht ist eine Grundform „Offenen Unterrichts". K. Zürcher, eine der ersten Vertreterinnen dieser Lern- und Unterrichtsform, versteht dement-sprechend Werkstattunterricht als „eine Form offenen Unterrichts, die im Sinne von entdeckendem Lernen den Schülern Arbeitskräfte und -material zu freier Wahl und individueller Bearbeitung anbietet" (1987, S. 78). Und ähnlich spricht J. Reichen vom Werkstattunterricht als einem „vom Lehrer organisierten offenen Arrangement von Lernsituationen und Materialien, bei dem die Schüler Mitbestimmungsmöglichkeiten hinsichtlich der Arbeitsformen und Inhalte haben, so dass z. T. auch Schülerinteressen, -bedürfnisse, -initiativen zum bestimmenden Moment schulischen Lernens werden" (1988, S. 84).

Zusammenfassend kann der Werkstattunterricht als Grundform offenen Unterrichts also durch folgende Merkmale charakterisiert werden:

– ein breites, vielfältiges Lernangebot zu einem oder mehreren Themen/Themenaspekten

– ein selbstständiges Lernen auf Grund von Materialien und verschriftlichten Arbeitsaufträgen

– Lernformen, die die verschiedenen Lernkanäle der Schüler/Schülerinnen ansprechen, ihre spezifische Lernausgangslage berücksichtigen, unterschiedliche Lernweisen vorsehen und vielfältige Lerntechniken erfordern

– ein Lernen, das Konzentration auf sich selbst und die eigene Arbeit sowie Interaktion und Kooperation vorsieht und auf diese Weise Individualisierung und Gemeinschaftsbildung bewirkt

– eine Lehrkraft, deren Hauptaufgabe in der Erarbeitung der Lernangebote und in der Diagnose und Beratung der Lernenden besteht, nicht aber in der kollektiven Vermittlung von Lerninhalten und im sukzessiven Erreichen von Lernzielen durch die Schüler.

I. Theorie

Unterrichten ist ein theoriegeleitetes Handeln. Es unterscheidet sich von zufälligem, beliebigem und situationsabhängigem Agieren dadurch, dass es sich legitimieren kann. Als Legitimationsinstanz reicht das in vielen Lehrerjahren erworbene Handlungswissen allein nicht aus, es bedarf der Fundierung (Klärung) und Systematisierung durch das Informationswissen der Wissenschaften Didaktik und Pädagogik. Für den Werkstattunterricht soll dies im Folgenden durch Erinnerung an Vorläufer oder Quellen dieser Methode, durch Begründungen aus der Lehr- und Lernsituation der Gegenwart sowie durch Darstellung der Struktur des Werkstattunterrichts geleistet werden.

1. Vordenker aus der reformpädagogischen Bewegung (1880/90–1933)

Von Quellen des Werkstattunterrichts kann man in Wirklichkeit nicht sprechen. Vielmehr finden sich in Theorie und Praxis dieser Unterrichtsmethoden Impulse und Elemente wiederaufgenommen, die bereits zur Zeit der reformpädagogischen Bewegung angedacht und schulreformerisch umgesetzt wurden.

1.1 Die Reformpädagogik

Die sogenannte Reformpädagogik (1880/90–1933) ist eine facettenreiche pädagogische Bewegung, die als Kulturkritik begann und sich allmählich zur allgemeinen Erziehungs- und Schulkritik wandelte. Sie führte zwischen 1918 und 1933 zu vielfältigen Reformimpulsen für das Schul- und Bildungssystem der Weimarer Republik, da sie die Inhalte, Methoden und Organisationsformen der Schule radikal in Frage stellte. Das Ergebnis ist eine Fülle von Initiativen und Ansätzen, von alternativen Schulgründungen und Versuchsschulen, von innerer Schulreform und didaktischen Konzeptionen. Landerziehungsheime, Einheitsschulen, Lebensgemeinschaftsschulen, Freie Waldorfschulen, Jenaplan-Schulen, Montessori-Schulen, die Ecole moderne Freinets, Volkshochschulen, Produktionsschulen, Freiluftschulen, Gartenarbeitsschulen, Schullandheime, Fahrende Schulen und Inselschulen wurden gegründet und organisiert; kind- und erlebnisorientierter Kunst-, Deutsch- und Musikunterricht, experimenteller Unterricht in den Naturwissenschaften und Arbeitsunterricht wurden eingeführt; Werkstätten, Laboratorien, Sportanlagen, Schulküchen und Schulgärten als Lernorte wurden eingerichtet; schließlich wurden methodische Verfahren und didaktische Konzeptionen wie Gruppenarbeit, Projekt/Vorhaben, Schulwandern, Gesprächsunterricht, Gesamtunterricht, Epochenunterricht, innere und äußere Differenzierung nach Neigung und Leistung, Selbsttätigkeit, Anschauung und Erlebnis als Unterrichtsprinzipien propagiert.

Gemeinsame Grundlage all dieser Reformen ist das Bild des Kindes als eines organisch werdenden Individuums mit einer eigenen Welt, mit einem eigenen Wert, mit eigenen Befähigungen und Erwartungen. Aus diesem Bild des Kindes leiten die Schulreformer dann ihre Kritik an der Schule ab, ihr ginge es nur um die Vermittlung von Mengen abfragbaren Buchwissens, was die Schüler zur Rezeptivität, zum Einzelkämpfertum und zur Autoritätsgläubigkeit veranlasse. Dieser Beobachtung stellen die Reformpädagogen die Kennzeichen der von ihnen projektierten „neuen Schule" gegenüber:

- freie und freudige Selbstbetätigung der Schüler
- eigenes, selbsttätiges Erarbeiten der Bildungsgüter

- der Lehrer als Wegweiser, Ratgeber und Helfer beim Lernen der Schüler
- gestaltetes Schulleben, Schule als Lebensform
- Gemeinschaft zwischen Lehrern, Schülern und Eltern (Lebensgemeinschaftsschulen)
- natürlicher Unterricht, der bei der natürlichen Begabung des Kindes, seinen natürlichen Interessen ansetzt und ohne Zwang erfolgt
- kindgemäße und lebensnahe Unterrichtsstoffe.

1.2 Impulsgeber für den Werkstattunterricht

Aus der großen Zahl der Reformpädagogen zu Beginn des 20. Jahrhunderts sind es vor allem G. Kerschensteiner (und J. Dewey), M. Montessori sowie C. Freinet, deren Einfluss auf die Konzeption der Werkstatt erkennbar ist.

1. Georg Kerschensteiner (1854–1932)

Die Arbeitsschulbewegung, deren Vertreter und Repräsentant Georg Kerschensteiner ist, zählt zu den profiliertesten Reforminitiativen in den ersten drei Jahrzehnten des letzten Jahrhunderts (vgl. Kerschensteiner, 1968; zum Folgenden vgl. Wiater, 1997b).

Als Stadtschulrat in München ab 1895 mit der Reform der Schulen (mit Ausnahme der Gymnasien) und dem Aufbau des Berufsschulwesens befasst, wollte er die Schule nicht länger „Belehrungskäfig" sein lassen, sondern in ihr den Erziehungswert der produktiven Arbeit nutzen. Die Schüler sollten statt rezeptiv Wissen vom Lehrer zu übernehmen, Wissen durch eigene Erfahrung und eigenes Tun erwerben. Arbeit ist für ihn etwas anderes als einfache Betätigung oder nur praktische Beschäftigung: Die Arbeit in der Schule soll nicht eine mechanische, sondern eine produktive Arbeit sein, das heißt im Unterschied zur mechanischen, die keine neuen Erfahrungen mit sich bringt, soll die produktive Arbeit beim Schüler Interesse, Kreativität, Engagement, Mut, geistige Herausforderung, Selbstständigkeit, Arbeitsfreude und Selbstbestätigung durch den Arbeitserfolg bewirken. Kerschensteiner ist zutiefst davon überzeugt, dass Unterrichtsinhalte nur dann erzieherisch bedeutsam sind, wenn der Schüler sie sich handelnd aneignet, zumal dies den „werktätigen Gemeinsinn", die „staatsbürgerlichen Tugenden" und die „elementaren Tugenden" wie Gewissenhaftigkeit, Fleiß, Beharrlichkeit und Selbstüberwindung entwickeln helfe. Arbeit steht seiner Meinung nach im Dienste der Volkserziehung und sozialer Verhaltensweisen. Deshalb genüge es nicht, „nur Werkräume einzurichten, Schulküchen aufzumachen und Schulgärten anzulegen. Vielmehr müssten die Werkstätten, Laboratorien, Zeichensäle, Terrarien, Schulküchen und Schulgärten in den

Mittelpunkt des Schulbetriebs gerückt werden und es sollte wo immer möglich theoretischer Unterricht damit verbunden werden" – meint Kerschensteiner. Er unterscheidet dabei offensichtlich nicht zwischen geistiger und manueller Arbeit. „Arbeit im eigentlichen Sinne" ist für ihn jede Schülerlernaktivität, die Schaffensfreude weckt, die die produktiven Anlagen des Kindes sich entfalten hilft und die den Gemeinschaftsgeist fördert. Denn Arbeit sei immer auch mit selbstständigem Denken und unermüdlichem Suchen verbunden. Arbeit definiert Kerschensteiner daher als „denkend durchgeführtes praktisches Tun". Die Seele entfaltet ihre menschenbildende Kraft in der Arbeit als ernster, intensiver, praktischer, produktiver, selbstständiger Tätigkeit. Jede gründlich durchgeführte Arbeit dient der Förderung des Denkvermögens. Das macht G. Kerschensteiner in seiner Kontroverse mit H. Gaudig auf dem ersten Deutschen Kongress für Jugendbildung und Jugendkunde in Dresden am 8. 10. 1911 deutlich. Er fordert, keine Arbeit dürfe die Hand des Kindes verlassen, die nicht den Stempel der geistigen oder manuellen Anstrengung trage. Ganz eindeutig schränkt Kerschensteiner die Arbeit nicht auf die Handfertigkeit ein. Die innere produktive geistige Arbeit verbindet sich vielmehr durch das aktiv gestaltende oder erarbeitende Tun der Schülerinnen/Schüler stets mit der äußeren Arbeit.

G. Kerschensteiner unterscheidet fünf Formen menschlicher Tätigkeiten: Spiel, Regelspiel, Beschäftigung, Sport und die Arbeit. Allerdings besitzt allein die Arbeit einen echten Bildungswert, da sie ein Ergebnis hat, das „Werk", und zielgerichtet Energie auf dessen Erstellung zu richten zwingt („Vollendungstendenz").

Die Arbeit hat im Wesentlichen folgende Funktionen:

- Förderung der Selbsttätigkeit des Schülers, d. h. der Eigeninitiative und des Handelns „aus sich selbst heraus", was etwas anderes ist, als dass er selber handelt
- Förderung der Einsicht und Erkenntnis auf Grund von Erfahrungen aus dem eigenen Handeln und mit Bezug zum eigenen Leben
- Förderung von Arbeitstugenden, die auch bei späteren Arbeiten hilfreich und nötig sind
- Förderung einer Erziehung zum Überwinden von Widerständen, da Arbeit eine Anstrengung ist und dafür der Wille aufgeboten werden muss
- Förderung von Ein- und Unterordnung sowie von Verzicht (Askese)
- Förderung von Lernen in Gruppenarbeit und sozialem Verhalten, was zugleich ein Dienst an der Gemeinschaft ist.

Kerschensteiner denkt sich den schulischen Arbeitsunterricht in Form eines Artikulationsschemas mit fünf Stufen:

1. Stufe	Es liegt eine Aufgabe vor, deren Lösung für die Schüler nicht sofort klar ist.
2. Stufe	Die Schüler stellen sich Fragen, beginnen einen Denkprozess, der zu Vermutungen über den Lösungsweg führt.
3. Stufe	Die Vermutungen (Hypothese) werden ausprobiert, durchdacht, kritisch überprüft und ggf. verändert.
4. Stufe:	Die Aufgabe wird fertig gestellt, das heißt die Durchführung der Arbeit, die zur Lösung führt.
5. Stufe:	Die Arbeitsergebnisse werden durch die Schüler selbst überprüft (vgl. Kerschensteiner, 1907, S. 44–73).

Stark angeregt war G. Kerschensteiner durch den amerikanischen Reformpädagogen John Dewey (1859–1952), dessen Schriften ihm zum großen Teil bekannt waren und der auf die jüngste Methodendiskussion um Projekt und handlungsorientierten Unterricht in Deutschland nachträglich noch großen Einfluss bekommen hat. Dewey, Vertreter des philosophischen Pragmatismus, gibt dem Handeln Priorität vor dem Erkennen. Seine Formel „learning by doing" ist auch im Werkstattunterricht vielfach rezipiert worden. Die gemeinschaftsbildende Aufgabe des Werkstattunterrichts lässt sich ebenfalls mit J. Deweys Gedanken in Beziehung setzen, für den nämlich Demokratie eine Lebensform (statt: Staatsform) ist und demzufolge in der Schule „an embryonic community life" entwickelt werden soll (Dewey, 1905; 1910).

2. Maria Montessori (1870–1952)

Die Pädagogik der italienischen Ärztin und Anthropologin Maria Montessori hat die Konzeption des Werkstattunterrichts ebenfalls stark beeinflusst. Insbesondere gilt das für ihre Theorie der sensiblen Perioden und der Freien Wahl der Arbeit (Montessori, 1964). Aus zahlreichen Beobachtungen von Kindern hatte M. Montessori den begründeten Eindruck gewonnen, dass das Kind seinen eigenen „Bauplan" in sich trägt und sich im Kontakt mit seiner gesellschaftlichen Umgebung mittels seines „absorbierenden Geistes" (einer Art „geistiger Impuls") selbst entwickelt. Diese Entwicklung erfolgt in sogenannten „sensiblen Perioden", das sind Zeiten einer besonderen, inhaltlich gerichteten Lernbereitschaft, die nicht verpasst werden dürfen; andernfalls nimmt die gesunde Entwicklung des Kindes zur freien Persönlichkeit Schaden. Da die moderne Zivilisation den Kindern solche wichtigen Begegnungen mit der konkreten gesellschaftlichen Kulturumgebung nicht mehr in ausreichendem Maße ermöglicht, muss – nach M. Montessori – dem Kind eine „vorbereitete Umgebung" zur Verfügung gestellt werden, die seinem jeweiligen Entwicklungsstand entspricht. Diese muss einerseits den Bedürfnissen des Kindes in der jeweiligen sensiblen Periode entsprechen und andererseits dem Sachanspruch der Kulturinhalte wie dem Gesetz der Sprache, der Mathematik, der Naturwissenschaften usw. Auf Grund langjähriger Versuche in Kinderhäusern fand sie als für die Selbstständigkeit und Selbstwerdung der Kinder besonders geeignet heraus:

– Übungen des täglichen praktischen Lebens wie Waschen, Kämmen, Anziehen, Kochen, Putzen, Graben, aber auch Danken oder Grüßen usw. Hierbei geht es um die Sorge für die eigene Person des Kindes, die Sorge für seine Lebensumwelt und um das Zusammenleben in der Gemeinschaft.

– die Beschäftigung mit dem Sinnesmaterial, auch Montessori-Material genannt, das einzelne Sinne isoliert anspricht und Sinneseigenschaften wie Länge, Schwere, Klang, Farbe usw. differenziert und im Kontrast erfahren lässt.

– Arbeitsmittel für das Erlernen der Kulturtechniken des Rechnens, Schreibens und Lesens sowie das Erlernen der Welt: Mathematik, Sprachmaterial, Material zur kosmischen Erziehung.

Das Sinnesmaterial und die Arbeitsmittel von M. Montessori haben aus mehreren Gründen im Werkstattunterricht besondere Beachtung gefunden.

– Erstens verlangt Montessori, dass Kinder sich diese Materialien frei wählen sollen, damit ihr absorbierender Geist ohne Zeitdruck daraus grundlegende geistige Ordnung gewinnen kann wie z. B. Kontrastieren, Paare bilden, Unterschiede wahrnehmen usw.

– Zweitens legt sie Wert auf eine die Kinder ästhetisch ansprechende Präsentationsform der Materialien.

– Drittens geht die Arbeit mit den Materialien – Montessori spricht von Arbeit und lehnt das Spiel mit diesen ab – auf das Interesse der Kinder zurück, fördert ihre Selbsttätigkeit (vgl. „Hilf mir, es selbst zu tun!") und Selbsteinschätzung, denn es enthält immer die Möglichkeit zur Fehlerselbstkontrolle.

– Viertens verhindert die vom Kind selbst ausgehende Neugier und Aktivität an den Materialien Disziplinprobleme und vergrößert die Konzentration der Kinder (vgl. „Polarisation der Aufmerksamkeit"), die äußere Ordnung der Materialien hilft, im Kind die innere Ordnung und grundlegende geistige Orientierung aufzubauen.

– Fünftens ist Montessoris Idee, aus Gründen der Sozialerziehung jedes Material nur einmal verfügbar zu machen, in Zeiten von Konsumzwang und Egozentrik wie heute besonders wichtig.

Überzeugend finden viele Vertreter des Werkstattunterrichts auch die pädagogischen Prinzipien M. Montessoris:

- die Achtung vor dem Kind, das sich selbst zur freien Persönlichkeit entwickeln und vom Erwachsenen lösen will und das daher nur Hilfe zur Selbsterziehung benötigt, das heißt eine Sinnes- und Bewegungsschulung braucht, die Begreifen auf das Greifen (d. h. Lernen mit allen Sinnen) zurückführt und einen bio-funktionalen Zusammenhang zwischen manueller Tätigkeit und geistig-psychisch-neurologischer Steuerung annimmt,
- die drei Phasen der Polarisation der Aufmerksamkeit: Vorbereitung als Zuwendung zur Tätigkeit – große Arbeit durch Konzentration und Lösen von der Umgebung – Ruhe in Form von innerer Sammlung und Betrachtung,
- das Material als frei gewählter Schlüssel zur Welt,
- die vorbereitete Umgebung in materieller und personeller Art als Brücke zwischen der Welt des Kindes und der des Erwachsenen sowie
- die veränderte Rolle des Erwachsenen/Lehrers als Beobachter und ggf. Helfer, als „Diener" in der Entwicklung des Kindes.

3. Célestin Freinet (1896–1966)

Der französische Reformpädagoge Célestin Freinet, engagierter Streiter für die bildungsbenachteiligten Arbeiterkinder und Begründer der „Ecole moderne française", hat den Werkstattunterricht ebenfalls inspiriert (Freinet 1965, 1980). Für ihn ist das Lernen eine aktive, ganzheitliche und selbstverantwortliche Tätigkeit des Kindes/Jugendlichen. Die Vertreter des Werkstattunterrichts greifen in erster Linie seine pädagogischen Prinzipien auf: die Sinnhaftigkeit und Lebensbedeutsamkeit des Lernstoffs, die erzieherische Wirkung erfolgreich durchgeführter Arbeiten, die Wichtigkeit von Kooperation und Mitverantwortung der Schülerinnen und Schüler. Zweitens übernehmen sie einige seiner Methoden und „Techniken" wie das Konstruieren, das Experimentieren und künstlerische Schaffen, die Schuldruckerei und den freien Text. Vor allem aber – drittens – die Arbeitsateliers. Letztere sind von Freinet sowohl als Möglichkeit gedacht, das Lernfeld der Schüler anregend zu gestalten, als auch als Ersatz für die in Schulen sonst üblichen Werk- und Funktionsräume. Freinet gruppiert seine Arbeitsecken um einen großen Gemeinschaftsraum herum, der für allgemeine Informationen, Filmvorführungen und Versammlungen der ganzen Klasse zur Verfügung steht. Im Einzelnen schlägt er folgende möglichen Arbeitsecken vor:

- eine Arbeitsecke für die Arbeitsplanung und den Wissenserwerb mit Quellen und Dokumenten, mit der Arbeitsbücherei (mehr als 1200 Hefte zu 20–50 Seiten) zu interessanten Sachbereichen und Problemen, mit der Selbstbildungskartei für systematisch einzuübende Lernstoffe, bestehend aus Aufgaben- und Antwortkarten, mit der Kartei für Experimente, Modelle, Sammlungen, mit Spielen und mit Anschauungsmaterialien (Arbeitsmittelkartei für kooperative Arbeiten)

- eine Arbeitsecke für naturwissenschaftliche Experimente

- eine Arbeitsecke für grafisches Gestalten, Schuldruck, schriftlichen Ausdruck und Schülerkorrespondenz

- eine Arbeitsecke für technische Unterrichtsmedien

- eine Arbeitsecke für Versuche und Beobachtungen an Pflanzen und Tieren

- eine Arbeitsecke für das künstlerische und musische Schaffen, für Holz-, Metall- und Keramikarbeiten

- eine Arbeitsecke für hauswirtschaftliches Tun

- eine Arbeitsecke für Konstruktion, Mechanik, Handel, ausgestattet mit Geräten zum Wiegen und Messen und für räumliches Gestalten.

Alle diese Arbeitsecken sind mit entsprechenden Geräten und Materialien für Einzel-, Partner- und Gruppenarbeit ausgestattet. Die Schüler machen sich selbst einen individuellen Arbeitsplan für jede Woche im Rahmen der offiziellen Lehrplanvorgaben. Die erforderlichen Arbeitsmittel finden sie in den von Freinet erstellten Lernmaterialien, den Arbeits-, Nachschlage- und Versuchskarteien. Sie sind als Selbstbildungsmittel mit Selbstkontrollmöglichkeiten gestaltet, so dass der Schüler sich selbst einen Einblick in seine Leistungsfähigkeit verschaffen kann.

Die Grundsätze der Freinet-Pädagogik lassen sich wie folgt zusammenfassen:

1. die Umgestaltung des Klassenzimmers zu Arbeitsbereichen

2. die Freiarbeit als forschend entdeckendes Lernen, künstlerische Darstellung, Erfindung von mathematischen Strukturen, freier Ausdruck in Wort und Schrift (vgl. Druckerei)

3. die Arbeit mit dem Wochenplan, der dem Schüler für einen bestimmten Zeitraum die selbstständige Erledigung und Kontrolle von Lernaufgaben am Beginn der Woche in einer gemeinsamen Klassenbesprechung vorgibt und auf die Freie Arbeit vorbereitet

4. die Arbeit mit Selbstbildungsmitteln wie Karteien, Übungsspielen, Arbeitsheften

5. der freie Ausdruck im musischen (Malen, Gestalten, Theaterspiel, Musizieren) und schriftsprachlichen Bereich (freie Texte)

6. der freie Text, bei dem der Schüler über Thema, Form, Zeitpunkt und Veröffentlichung selbst bestimmt

7. die Arbeit mit der Druckerei (oder heute: mit dem Computer), bei der Schreiben und Gestalten als handwerkliches Tun erfahren werden kann

8. die Klassenzeitung, in der die Texte der Schüler veröffentlicht und verbreitet werden

9. die Klassenkorrespondenz , worunter zu verstehen ist, dass die Klassen sich gegenseitig Briefe schreiben (oder heute: Faxe oder e-mails zusenden) und auf diese Weise ihre Erfahrungswelt vergrößern, eigene Lernergebnisse oder offene Fragen/Probleme anderen mitteilen, Erlebnisse austauschen und Informationen weitergeben und auf diese Weise die Schriftsprache als Kommunikationsmittel erfahren

10. der Projektunterricht, bei dem über einen längeren Zeitraum meist außerhalb des Klassenraumes in Form von Erkundungen fächerübergreifende Lernerfahrungen gemacht werden, deren Ergebnisse öffentlich dargestellt und präsentiert werden

11. der wöchentlich tagende, von einem Schüler geleitete Klassenrat als Organ der Selbstverwaltung der Schüler zur Gestaltung des Wochenplans, zur Überlegung von Aktivitäten, zur Verteilung von Verantwortlichkeiten usw. und bei dem Lehrer wie Schüler das gleiche Stimmrecht haben.

2. Begründungen für den Werkstattunterricht aus der Pädagogik der Gegenwart

Der Werkstattunterricht wird nicht ohne Grund gerade in den letzten zwei Jahrzehnten zum viel beachteten Methodenrepertoire von Lehrerinnen und Lehrern. Denn in dieser Zeit änderten sich die Bedingungen des Aufwachsens und Lebens der Kinder und Jugendlichen in der Gesellschaft entscheidend und gleichzeitig zeichneten sich international und national gravierende Herausforderungen ab. Für die Veränderungen im privaten Bereich hat sich seitdem die Redeweise von der „veränderten Kindheit" bzw. dem „veränderten Jugendalter" eingepragt, die Gesamtgesellschaft wiederum wird von da ab als eine postindustrielle und globalisierte Gesellschaft bezeichnet. Gemeinsam ist beiden Veränderungen, dass sie vom Kind, Jugendlichen und jungen Erwachsenen mehr Selbstständigkeit, Eigenverantwortlichkeit, Kreativität, Team- und Kommunikationsfähigkeit einfordern. Mit den neuen Herausforderungen geht die Kritik an Schule und Unterricht einher, diese Ziele auf herkömmliche Weise nur unzureichend erreicht zu haben. Im Einzelnen folgt die Argumentation den im Folgenden ausgeführten Argumentationssträngen.

2.1 Veränderte Kindheit – verändertes Jugendalter

Überlegungen zur heutigen Kindheit und zum heutigen Jugendalter gehen von der Hypothese aus, dass Kinder und Jugendliche „Symptomträger" sind. „Demnach spiegeln sie der Gesellschaft ihre Beschädigungen, sie spiegeln die Selbstdefinition der Gesellschaft in ihren Lebensformen und -orientierungen" (Erdmann/Rückriem/Wolf, 1996, S. 7). So betrachtet überlässt die Gesellschaft ihrem Nachwuchs immer mehr Entscheidung über die Gestaltung des eigenen Lebens und bietet ihm gleichzeitig immer weniger an sozialer Bindung. Unbestritten gibt es sie noch, die Familie als stabiles soziales Netz mit festen Bezugspersonen, verantwortungsbewussten Lebensorientierungen und Sorge um die gesunde Persönlichkeitsentwicklung der Kinder und Jugendlichen. Viele Elternhäuser haben heute aber Baupläne, die all das nicht fördern und sogar für ihre Kinder und Jugendlichen zur psychosozialen Belastung werden. Gerade im Bereich der Familie hat es in der letzten Zeit gravierende Veränderungen gegeben. Mehr als ein Drittel aller Ehen wird derzeit durch Scheidung beendet, was eine Zahl von etwa 45% aller jungen Menschen unter 18 Jahren bedeutet; mehr als 25% der (deutschen) Ehepaare haben überhaupt keine Kinder, was Kindsein in der Gesellschaft mehr und mehr zu einem Randphänomen macht; die Zahl der Neugeborenen liegt unter der Zahl der (meist in höherem Alter) Versterbenden, insgesamt machen Kinder und Jugendliche bis 16 Jahren nur noch 15% der Bevölkerung aus. Etwa die Hälfte aller Kinder sind Einzelkinder, und sie leben in der Regel allein mit ihren Eltern oder ihrem Elternteil, machen also keine Erfahrungen von Geschwisterlichkeit oder von Generationsunter-schieden. 40% der Frauen mit Kindern sind außerhäuslich erwerbstätig, was beim derzeitigen Verständnis der Geschlechterrollen in sehr vielen Fällen dazu führt, dass bereits Grundschüler über Mittag und am Nachmittag unversorgt und unbetreut sind. Die Trennung der Eltern, immer neuer Wechsel in der Partnerbeziehung der alleinerziehenden Elternteile, keine Zeit für die Kinder wegen hoher beruflicher Beanspruchung von Vater und Mutter, Armut, beengte Wohnverhältnisse, mehrfacher Wohnortwechsel, Alkohol- und Drogenproble-me in den Familien sind die meistgenannten Gründe dafür, dass Kinder psycho-sozial belastet sind und auffällig werden. Viele Kinder sind ihren Eltern lästig, weil diese sich anderes von ihnen erwartet hatten, oft kümmern sie sich über-haupt nicht um sie. Andere wiederum belasten ihre Kinder dadurch, dass sie sie durch anspruchsvolle Freizeitbeschäftigungen und Zusatzunterricht völlig ver-planen; sie geben vor, das Beste für ihr Kind zu wollen, meinen aber in Wirklichkeit das Beste für sich. Nicht unbeträchtlich ist auch der Prozentsatz der Eltern, die – unsicher oder verunsichert darüber, wie man heute Kinder und Jugendliche erziehen kann bzw. soll – auf Erziehung und Verhaltensorientierung ganz verzichten oder sich der Aufgabe gar nicht erst stellen. Gewöhnt, sich die Regeln für das eigene Verhalten selbst zu suchen, entwickeln solche Kinder gleichermaßen egozentrisches Benehmen wie die überbehüteten Kinder aus den Familien, deren Interesse nur dem eigenen Kind und dessen Wohlergehen und Fortkommen gilt. Hinzu kommt noch, dass Kinder und vor allem die Jugendli-chen auf Grund des so entstandenen Orientierungsvakuums Antworten auf ihre Lebensfragen und Hinweise für ihr Alltagsverhalten von den Medienangeboten (Fernsehen, Computer, Internet) einerseits und von Gleichaltrigen (peer-groups) anderseits erwarten, die nicht nur selbst Suchende und Experimentierende sind, sondern in einer werteplituralen und konsumorientierten Gesellschaft mit Genuss, Geld und Macht (Gewalt) als erfahrbaren Maßstäben sich einem hohen Anpassungsdruck ausgesetzt fühlen.

In jedem Falle entscheiden immer mehr Kinder immer früher über immer mehr Dinge ihres Lebens allein: über das Essen, die Kleidung, die Freunde und Sexualpartner, den Zeitvertreib und Medienkonsum, die Freizeitgestaltung und den Urlaub, die Anschaffungen usw. usw. Wissensüberlegenheit und Vorbild-wirkung, ehemals Merkmale der Erwachsenengeneration, wechselten in ganzen Lebensbereichen (beispielsweise beim Sport, bei der Technik, der Mode und den neuen Medien) von den Erwachsenen zu den Jugendlichen, die ihr Wissen aus Jugendgruppen oder Freizeitclubs beziehen und ihre Vorbilder – wenn über-haupt – außerhalb der Familie (z. B. bei Sportlern oder Künstlern) suchen. Die Kehrseite dieser neu gewonnenen Entscheidungsfreiheiten sind erheblich größer gewordene Zwänge, Verunsicherungen, Risiken, Gefährdungen und Orien-tierungslosigkeit. Mit der Zahl der Selbstentscheidungen wächst beim Einzelnen folgerichtig die Ich-Zentrierung und ebenso folgerichtig auch die nicht selten pragmatisch („cool") überspielte Angst vor dem Scheitern und vor falschen Entscheidungen.

Aus den Veränderungen des privaten Umfeldes der Kinder und Jugendlichen ergeben sich für die Schule neue Anforderungen. So muss sie die größere Selbstständigkeit der Schüler/Schülerinnen ernst nehmen und deren verantwortliche Nutzung stärken. Die pädagogische und didaktische Antwort kann deshalb nur heißen: Förderung ihrer Autonomie/Mündigkeit und Problembewältigungskompetenz (Speck, 1997). Der Begriff „Autonomie" meint – von seiner griechischen Grundbedeutung her – keineswegs das von Eigennutz und Eigeninteresse bestimmte, grenzenlose Unabhängig-sein-Wollen des Individuums, sondern autonom ist nur der, der sich selbst an das bindet, was für alle gilt und rechtens ist. Zur Autonomie des Menschen gehört, dass er sich als Verursacher seiner Handlungen und Verhaltensweisen weiß und für deren Ziele und Folgen aufkommt. Er trägt dafür die Verantwortung, beantwortet gegenüber einer Gruppe, einem anderen oder sich selbst die Frage nach dem „Warum" seines Tuns oder Unterlassens.

Um autonom werden zu können, brauchen die Schülerinnen und Schüler in allen Fächern genügend Gelegenheit, ihre eigene Aktivität, ihre eigenen Kompetenzen und ihre intellektuellen, emotionalen oder praktischen Befähigungen zu zeigen, zu entfalten und neue Befähigungen aufzubauen. Das traditionelle lehrgangsorientierte und lehrerzentrierte Unterrichten kann diesem Ziel allein nicht genügen, es muss durch Formen Offenen Unterrichts und didaktischer Mitgestaltung seitens der Schüler, durch Ernstnehmen und Einbeziehen der Schülererfahrungen, durch freie Arbeit, Wochenplanarbeit, Lernzirkel und kurz: durch Werkstattunterricht ersetzt bzw. ergänzt werden.

2.2 Herausforderungen der Gesellschaft des 21. Jahrhunderts

Die Situation der Kinder und Jugendlichen im privaten Lebensbereich korrespondiert mit gesamtgesellschaftlichen Entwicklungen, deren Bewältigung ebenfalls Selbstentscheidungen in großem Umfang erfordern. Dafür einige Beispiele:

1. Die Wissensgesellschaft

Unverkennbar geht seit etwa 2 Jahrzehnten der Trend von der Industriegesellschaft zur Informationsgesellschaft. Wissenschaft und Publizistik bringen auf Grund ihrer Forschungen und Recherchen immer neue ungezählte und unzählbare Daten hervor. Zu Informationen werden diese erst, wenn sie für den Menschen sinnhaft und handlungsbezogen sind bzw. erscheinen. Verfügt der Mensch dazu noch über die Fähigkeit und die Kategorien, die Informationen zu verarbeiten, so werden sie für ihn zum Wissen. Die exponentiell wachsende Menge an Daten, von denen viele als Informationen dargeboten werden, stellt hohe Anforderungen an die Aufnahmekapazität, den Verarbeitungsaufwand und die Befähigung jedes Menschen. Denn er muss die neuen Informationen in sein vorhandenes Wissensgerüst integrieren. Dadurch entsteht die Gefahr der Desintegration erhaltener Daten und Informationen, und es wird immer weniger möglich, die Zahl der Fehler und Irrtümer, die die Wissenschaft immer wieder aufdeckt, überhaupt noch zu beachten. Die Uninformiertheit des Menschen nimmt zu, da er so schnell nicht über die kognitiven Strukturen und Verstehenskategorien verfügt, die nötig wären. Trotzdem schreitet bekanntermaßen durch die Informations- und Kommunikationstechnologien die Überversorgung mit Daten und Informationen in allen Lebensbereichen des Menschen beschleunigt voran (vgl. Multimedia, Vernetzung, Telematic, Internet).

Diese Entwicklung ist ambivalent und setzt deshalb Entscheidungskompetenz voraus. Einerseits erlaubt die neue Wissens- (bzw. Daten- oder Informations-)gesellschaft den globalen Zugang und die globale Verfügbarkeit von Wissen für jeden Einzelnen jeder Zeit an jedem Ort der Welt; andererseits bringt sie für ihn die Gefahr mit sich, gewissermaßen „overnewsed but underinformed" zu sein, durch Datenmassen überfordert und auf diese Weise monopolisiert und manipuliert zu werden. Um dem negativen Effekt nicht ausgeliefert zu sein, muss jeder über ein persönliches „Wissensmanagement" verfügen. Jeder muss sich dabei – erstens – sein eigenes Wissen in quantitativer und qualitativer Hinsicht bewusst machen, muss – zweitens – damit in Kommunikation zu anderen treten können, muss – drittens – Kenntnis davon haben, wie und wo er sich notwendiges neues Wissen erwerben kann und – viertens – muss er über praxisbezogene und ethische Auswahlkriterien verfügen, aus den Wissensangeboten das Nötige, Sinnvolle und Verantwortbare zu entnehmen (vgl. dazu allgemein: Reinmann-Rothmeier/Mandl/Erlach/Neubauer, 2001).

2. Die Risikogesellschaft

Die Gesellschaft, in der heutige Kinder und Jugendliche heranwachsen, ist eine Risikogesellschaft. Nach dem Ende der „klassischen Industriegesellschaft" bewegt sich die fortgeschrittene technische Zivilisation der Spätmoderne in Richtung auf verschärfte Krisen und Gefährdungen (vgl. Beck, 1986). Dabei ist vorrangig zu denken an die Risiken aus der Atomtechnologie und der Umweltbelastung. Neu an diesen Risiken ist, dass sie nicht mehr an bestimmte soziale Klassen bzw. Schichten gebunden sind, sondern alle Menschen betreffen, sich räumlich und zeitlich nicht mehr eingrenzen lassen, dass sie Katastrophen für das Leben von Pflanzen, Tieren und Menschen sind, die teilweise irreversible Schäden anrichten, dass sie sich nicht mit technischen Mitteln sicher beherrschen lassen sowie dass nicht mehr Einzelne dafür rechenschaftspflichtig und verantwortbar gemacht werden können. Diese Risiken sind sowohl Bedrohungen für den Einzelnen als auch für die ganze Welt. Der technologische Fortschrittsglaube ist tief erschüttert. Der Einzelne ist nun herausgefordert. Auch hier ist Ambivalenz erkennbar. Entwickelt der Mensch aus dieser Bedrohung ein neues Bewusstsein für das Humane und für Verantwortung, die nachhaltig und global ist, oder bewirkt die Risikogesellschaft ein Gefühl der Machtlosigkeit und Überforderung mit allen Konsequenzen einer fatalistischen Grundeinstellung?

3. Die Erlebnisgesellschaft

Ein weiteres Kennzeichen der gesellschaftlichen Entwicklung ist ihre Erlebnisorientierung, die G. Schulze (1992) auf die Kurzformel von der „Erlebnisgesellschaft" gebracht hat. Immer mehr Menschen definieren den Sinn ihres Lebens mit Hilfe von Erlebnisansprüchen und als schön, frohmachend, spannend, aufregend und subjektiv herausfordernd empfundenen Situationen und Arrangements. Die größere Freizeit, das erreichte Wohlstandsniveau und die Suche nach persönlichen Glücks- oder Erregungsgefühlen wiederum steigern die konsumorientierten Erlebnisangebote in der Gesellschaft, was den Einzelnen mit immer neuen Wahl- und Entscheidungszwängen konfrontiert. Entscheidungskonflikte, Orientierungskrisen, immer höher geschraubte Bedürfnisbefriedigung und Enttäuschungen sind die Folge. Auch hier ist Ambivalenz erkennbar: Einerseits ermöglicht die Erlebnisgesellschaft jedem seine individuelle Glückssuche, verweist ihn auf sich selbst und sein Innenleben; andererseits fördert sie Reizüberflutung, Individualisierung, Sinnverlust und vor allem Entscheidungsdruck angesichts vielfältiger alternativer Möglichkeiten. Um dem Entscheidungsdruck und den Unsicherheiten zu entgehen, braucht der Mensch in der Erlebnisgesellschaft ein hohes Maß an Reflexivität über selbstbestimmtes, selbstverantwortliches und gelingendes Leben, Selbstständigkeit und Selbstverantwortlichkeit. Da die Kinder und Jugendlichen im Sog dieser konsumorientierten Erlebnisgesellschaft sind, bedürfen sie der Ich-Kompetenzen Selbstständigkeit und Selbstverantwortlichkeit in besonderem Maße.

4. Die multikulturelle Gesellschaft

Die multikulturelle Gesellschaft, durch Arbeitsmigration, Flucht aus Krisengebieten und Aussiedlung längst de facto Realität, stellte an die ethnischen Minderheiten und die Mehrheitsbevölkerung in den letzten Jahrzehnten immer mehr Anforderungen. Auch hier ist die Ambivalenz erkennbar: Auf der einen Seite erweitert die Begegnung unterschiedlicher Kulturen den Blick des Einzelnen für das Humanum und die Vielfalt des „Menschenmöglichen" – vorausgesetzt Kultur wird nicht mit Exotik, Tanz, Musik oder Essen gleichgesetzt. Auf der anderen Seite ist die Angst vor der Fremdheit und dem Anderssein Anderer zu verzeichnen die auf „beiden Seiten" zu Abgrenzung und Ausgrenzung führt. Das unbedingt notwendige gewaltfreie und friedliche Zusammenleben und das Voneinanderlernen ergeben sich aber nicht von allein, sondern müssen gemeinsam erarbeitet werden. Das Zusammenleben mit Menschen aus anderen Regionen, Erdteilen und Kulturen muss als eine Chance zur Erweiterung des eigenen Horizonts begriffen und akzeptiert werden. Das kann nur gelingen, wenn die Kulturabhängigkeit der eigenen Denk-, Urteils-, Gefühls- und Handlungsformen bewusst gemacht wird und aus der genauen Kenntnis der eigenen Kultur die Toleranz gegenüber der Kultur anderer erwächst. Für eine solche Toleranz braucht man eine grundsätzliche Offenheit gegenüber neuen Beobachtungen und Aufgabenstellungen (Pommerin-Götze, 1982).

5. Die multiindividuelle Gesellschaft

Seit den 60er Jahren des letzten Jahrhunderts ist schließlich auch ein gesellschaftlicher Individualisierungsschub zu verzeichnen, eine Tendenz zur Singularisierung der Lebensläufe, zur Enttraditionalisierung und zur Entstandardisierung. Der Weg geht in Richtung auf eine multiindividuelle Gesellschaft (Elwert u. a., 1990). Das Individuum löst sich mehr und mehr aus historisch überlieferten sozialen Institutionen, verliert dadurch Sicherheit und Stabilität und strebt die gesellschaftliche Reintegration durch variable, zeitlich befristete und vom Momentaninteresse abhängige neue Gruppierungen an. Die persönliche Lebensgeschichte des Menschen wird immer weniger durch soziale Institutionen (Familie, Beruf, gesellschaftliche Schichtung oder Ordnung) beeinflusst, unterstützt oder behindert, sondern immer mehr durch das individuelle Subjekt selbst. Allerdings ist das Subjekt mit seinen höchst individuellen Entscheidungen nicht nur wichtigster Mitgestalter seiner persönlichen Lebensgeschichte, es ist umgekehrt auch vorrangig dafür selbst verantwortlich: im Privatleben, im Berufsleben und im Freizeitleben. Wiederum zeigt sich eine Ambivalenz. Denn darin liegen sowohl Chancen für eine autonome Lebensführung als auch Gefahren und Belastungen in Form von Überforderungen, Fehlentscheidungen, Narzissmus und Egozentrismus. Um diesen neuartigen Gefährdungspotentialen zu begegnen, sind erhöhte pädagogische Anstrengungen erforderlich, die gerade die Selbstständigkeit und Eigenverantwortlichkeit der Heranwachsenden fördern müssen.

2.3 Der kognitivistisch-konstruktivistische Lernbegriff

In den letzten beiden Jahrzehnten ist „Lernen" zum Zentralbegriff für alle Veränderungen im Bereich menschlichen Denkens, Fühlens, Könnens und Wollens geworden, die nicht auf Instinkte, Reifung oder medikamentöse Einflüsse zurückgeführt werden können, ganz gleich ob diese Veränderungen selbstinitiiert oder fremdinitiiert waren, ob sie zufällig oder absichtlich erfolgten, ob sie beobachtbar oder nicht-beobachtbar sind. Lernen ist heute der Oberbegriff für alle pädagogischen Prozesse, auf Grund derer sich die Persönlichkeit eines Menschen entfaltet. Gelernt werden daher nicht nur Denken und Handeln, sondern auch Emotionen und Motivationen, Einstellungen und Haltungen, Wertüberzeugungen und Sinnorientierungen (Weber, 1999, S. 35ff.). Zur Erklärung, unter welchen Bedingungen es beim Menschen zum Lernvorgang kommt, greift die heutige Schulpädagogik auf den Kognitivismus in Verbindung mit der Systemtheorie und dem pragmatischen (nicht dem radikalen) Konstruktivismus zurück.

1. Der Kognitivismus und die Humanistische Psychologie

Seit etwa drei Jahrzehnten führt die Kritik an behavioristischen und psychoanalytischen Persönlichkeitstheorien zur wissenschaftlichen Favorisierung des Kognitivismus bzw. der sogenannten Humanistischen Psychologie. Diesem Paradigma zufolge geben keineswegs und ausschließlich die objektiv beobachtbaren Verhaltensweisen des Menschen Auskunft über das, was den Menschen zu seiner Persönlichkeitsentwicklung veranlasst, sondern entscheidend sind Kognitionen, d. h. geistige Prozesse. Gedanken, Vorstellungen und Gefühle sind demzufolge allein geeignet, die Erfahrungswelt eines Menschen, eines Individuums zu erklären. Kognitionspsychologen und Vertreter der Humanistischen Psychologie (wie G. Kelly, A. Bandura, W. Mischel, C. Rogers, R. Colin u. a.) setzen daher auf das Selbst als aktiver Ich- oder Personkern des Menschen, das sich weiterentwickeln will und sich dazu in letzter Konsequenz nur auf das Potential seiner eigenen Kräfte verlassen kann (Sacher/Weber, 1996). Dieses Selbst kann expliziert werden als die Ganzheit des empirischen oder materiell objektiv gegebenen Selbst, des sozialen Selbsts als empfundener Anerkennung durch andere sowie vor allem des geistigen Selbsts, das die psychischen Dispositionen, Eigenschaften, Fähigkeiten und Einstellungen des Individuums umfasst. Die Ganzheit dieses als „kognitive Komponenten" bezeichneten Selbst integriert und organisiert auch die affektiven und motivationalen Komponenten des Selbst zu einem Selbstkonzept, zu einer Theorie, die der Einzelne sich über sich selbst erstellt hat und die das Selbstwertgefühl prägt.

Im Verständnis der kognitivistischen und humanistischen Persönlichkeitspsychologie gilt das Selbst des Menschen also zum einen als psychische Instanz, die nach Kohärenz und Integration in einer sozialen Umgebung strebt und sich prozesshaft weiterentwickelt; zum anderen ist das Selbst der Motor und die Energiebasis für die Aktualisierung der Verhaltens- und Erlebensmöglichkeiten des einzelnen Menschen. Es ist der Kern seiner Persönlichkeitsstruktur. In ihm wirken angeborene Bedürfnisse, Schemata, Erfahrungen, Ziele und Vornahmen zusammen und schaffen sein Identitätsbewusstsein. Für die Entwicklung des Selbst von entscheidender Bedeutung sind drei angeborene, grundlegende Bedürfnisse:

– das Bedürfnis nach Kompetenz und Wirksamkeit beim Ausführen von Handlungen
– das Bedürfnis nach Autonomie, das heißt sich selbst als wirksam, frei entscheidend oder mit entscheidend, als die Umwelt verändernd und als selbstbestimmt zu erleben

– das Bedürfnis nach sozialer Beziehung, nach sinnvollem Kontakt zu anderen Personen und nach Zugehörigkeit zu einer sozialen Gemeinschaft.

Diese Bedürfnisse sucht der Mensch aus sich heraus – intrinsisch motiviert – zu befriedigen, um sich selbst zu verwirklichen und zu wachsen, seine Talente und Fähigkeiten zu entfalten und das eigene Potential möglichst auszuschöpfen.

Im Kontext einer solchen Umakzentuierung in der Persönlichkeitstheorie kam es in den letzten Jahren auch zu einem neuen Verständnis des Lernvorgangs beim Menschen. Alles entscheidend sind die subjektiven Vorgänge, die persönlichen Konstrukte des Individuums. Jedes Verhalten folgt ureigensten Plänen, Zielen und Standards, für deren Realisierung die subjektiv wahrgenommenen oder erwarteten Konsequenzen entscheidend sind. Der lernende Mensch ist stets Akteur seiner Entwicklung. Empirische Untersuchungen belegen für den ersten und zweiten Lebensmonat des Säuglings bereits ein auftauchendes Selbst und sehen im zweiten bis siebten Monat die Stufe des „Kern-Selbst" erreicht. Zu dessen Leistungen zählen: „1. Die Urheberschaft der Handlungen, 2. Selbst-Kohärenz, das Empfinden, ein vollständiges körperliches Ganzes zu sein, 3. Selbst-Affektivität und 4. Selbstgeschichtlichkeit als Gefühl der Dauer. Das Kern-Selbst erlebt sich dadurch als integriertes Erlebnis-Selbst. Bereits das „auftauchende Selbst" leistet Integration und Interaktion und stellt einen Weltbezug her. Es lebt aktiv in der Welt und ist auf sie bezogen" (Macha, 1996, S. 88). Selbstaktivität tritt beim Kind also nicht erst später auf, etwa in der Phase der Denkentwicklung im Alter von zwei bis fünf Jahren, sondern gehört von Beginn an zu seiner Personagenese!

Infolge der Kritik der kognitivistischen Persönlichkeitstheorie am behavioristischen Lernverständnis bezieht man Lernen heute nicht mehr nur auf die beobachtbaren Verhaltensänderungen, sondern auch auf die inneren Prozesse der Aneignung und Verarbeitung von Informationen. Zum Lernen braucht es aber Angebote zur Befriedigung der grundlegenden Bedürfnisse des Menschen nach Könnenserfahrungen, Autonomieerfahrungen und Erfahrungen sozialer Zugehörigkeit. Die Kognitionstheorie ist da offen für neurophysiologische und neurobiologische Forschungsergebnisse zum Lernen. Lernen wird hier als ein Prozess der Selbstverstärkung des Organismus betrachtet, der offen, dynamisch und unabschließbar ist, der durch äußere Impulse angestoßen werden kann. Erfolgreiches Lernen setzt zum einen eine besonders große Zahl von Synapsen im Gehirn (Kontaktstellen zwischen den einzelnen Nervenzellen) voraus, die durch erhöhte geistige Inanspruchnahme, geistiges Training, auf- und ausgebaut werden. Zum anderen ist für den Lernerfolg eine positive Motivationslage dem Lernstoff und/oder dem Lehrenden gegenüber nötig, damit die inneren Aktivitätsmuster des Nervensystems – bioelektrische und biochemische Mechanismen zur Aussendung von Transmitterstoffen für die Synapsenkontakte – funktionieren können. Denn jeder bewusste Gedanke ist über das limbische System emotional beeinflusst, und auch das Gedächtnis ist emotional organisiert. Kognition baut sich demnach nie ohne die (neurophysiologisch älteren) Emotionen auf, Emotion und individuelle, persönliche Bedeutungen und Werte sind die Motoren allen Lernens.

2. Die Systemtheorie

Unter Inanspruchnahme der Terminologie der neueren Systemtheorie (Maturana, Luhmann) wird der Mensch heute als personales Handlungssystem bezeichnet.

Ein System – so lässt sich allgemein definieren – ist ein komplexes Ganzes mit Elementen, die zueinander und zum System selbst in Beziehung stehen und bestimmte Funktionen der Selbsterhaltung und der Weiterentwicklung haben, die durch externe und interne Beziehungen realisiert werden. Bei Systemen muss immer mit autopoietischen (selbstbildenden), autokatalytischen (selbstverstärkenden) und autoreflexiven (d. h. sich selbst thematisierenden) Prozessen gerechnet werden. Lässt man einmal ansonsten gebotene Differenzierungen bei der Systemtheorie beiseite und bezieht sie auf den Menschen als „System", so kennzeichnen ihn vor allem:

- die Ganzheit (Übersummation) als organisierte und vernetzte Einheit von Elementen
- die Abgrenzbarkeit von anderen Systemen und die Unterscheidung von Untersystemen (Mikrosysteme, Mesosysteme, Exosysteme und Makrosystem)
- die Autopoiesis, die eigenständige Organisation und Reproduktion der Elemente des Systems und ihrer Funktionen
- die Selbstreferenz (Rückkopplung, Homöostasis), die Einheit, die ein Element oder ein System für sich selbst ist, indem es sich auf sich selbst bezieht und sich selbst stabilisiert
- die Offenheit (bei sozialen Systemen), das heißt dass zu den inneren Prozessen die sinnhafte Orientierung in der Welt zwecks Ordnung der Welt und der subjektiven Einstellung wesentlich dazugehört, was über verstehbare Symbolsysteme wie Sprache, Rollen, Normen, Werte, Ideologien, Geld, Macht, Vertrauen, Wissen, Glaube erfolgt.

Selbststeuernde Systeme wie der Mensch können daher von außen nur zu eigenen Operationen angeregt werden. Natürlich ist reine Selbstreferenz nicht möglich, wohl aber gewissermaßen eine „mitlaufende Selbstreferenz" (Luhmann), eine Kombination selbstreferentieller Geschlossenheit und fremdreferentieller Offenheit, eine „relative Autonomie", eine Art von „Ko-Konstruktion" des Systems. Das heißt: Bestimmte Systemumwelten legen dem Menschen bestimmte Denk-, Gefühls- und Verhaltensmuster nahe, die je nach dem geistigen, emotionalen und motorischen Entwicklungsstand auf verschiedene Weise (Reiz-Reaktions-Lernen, Imitationslernen, Lernen durch Einsicht) erlernt werden, wobei das innere „Resultat" immer eine individuelle Konstruktion ist.

Nach diesem Ansatz steht der Mensch der Umwelt als ein autopoietisches System gegenüber, das sich selbst organisiert und selbstbezüglich an seine Außenwelt herangeht, das um personale Identität und Kontinuität bemüht ist und von außen nicht direkt oder unmittelbar beeinflusst werden kann.

3. Der pragmatische Konstruktivismus

Der Konstruktivismus ist – wie die Systemtheorie – seit einigen Jahren eine der meist thematisierten wissenschaftstheoretischen Positionen (Glasersfeld, Schmidt, Gerstenmeier, Mandl, u. a.). Im hier zu behandelnden Kontext interessiert vornehmlich der erkenntnistheoretische Ansatz im Konstruktivismus. Dabei handelt es sich um eine Theorie der Persönlichkeit, die der aktiven kognitiven Konstruktion der Welt durch den Menschen besondere Aufmerksamkeit widmet. Wahrnehmen und Erkennen werden auf Konstruktionsleistungen des menschlichen Subjekts zurückgeführt. Dieser Theorie zufolge konstruiert im kommunikativen Prozess jeder Mensch seine eigenen Bedeutungen. Jede Beobachtung ist vom Beobachter abhängig, die Wirklichkeit an sich ist unzugänglich, man nimmt sie mit Hilfe der Perzeptions-Systeme wahr, die durch die Gehirnstruktur grundgelegt sind und an deren Entfaltung individuelle Lebenserfahrungen wesentlich beteiligt sind. Jeder hat daher eine eigene Epistemologie, jeder kann nämlich nur auf Grund seiner subjektiven Struktur Wissen hervorbringen, Wissen aus Erfahrung konstruieren und darin neue Erkenntnisse integrieren. Bedeutungen werden nicht von einem Kopf in den anderen „übermittelt". Bekanntlich verstand schon J. Piaget die Denkentwicklung als einen, durch Umweltbegegnungen initiierten subjektiven Konstruktionsprozess beim Menschen auf Grund vorhandener Schemata (Piaget 1969–1983). Der Aufbau des kindlichen Verstehens erfolgt seiner Meinung nach durch Assimilation und Akkomodation: Mit Assimilation bezeichnet er die Fähigkeit des Kindes, die mittels seines inneren Aktivitätsdranges wahrgenommenen Umweltinformationen in sein jeweiliges Schema (das heißt seine altersentsprechende Handlungsbereitschaft, Handlungsfähigkeit und Informationsspeicherung) einzupassen. Akkomodation ist die Anpassung des Kindes an veränderte Umwelterfahrungen und die Weiterentwicklung seines Denkens und seines kognitiven Schemas. Nimmt das Kind beispielsweise Ungewohntes wahr, werden ihm neue Handlungsformen abverlangt, macht es Erfahrungen, die es sich mit Hilfe seines bestehenden kognitiven Schemas nicht erklären kann, dann empfindet sich das Kind dadurch im kognitiven Ungleichgewicht. Es fühlt sich gedrängt, den mangelnden Gleichgewichtszustand zu überwinden und ein neues Gleichgewicht, d. h. Verständnis, herzustellen (Äquilibration). Jeder Gleichgewichtszustand ist aber nichts anderes als der vorübergehende Endpunkt einer Entwicklung, die beim Kind, Jugendlichen und jungen Erwachsenen zu neuen Schemata, d. h. neuen Denk-, Gefühls-, Wollens- und Könnensstrukturen drängt. Neue Strukturen entstehen also dadurch, dass das Subjekt äußere Bedingungen und Einflüsse rekonstruiert, dass es Gegenstände, soziale Vorbilder und Problemstellungen mit seinen jeweils verfügbaren Strukturen aufnimmt und verarbeitet. Im Laufe dieser Verarbeitung kommt es – als konstruktive Leistung des Subjekts – zur Differenzierung und Integration neuer Teilstrukturen, die dann als neue Strukturzustände die Basis für weitere Transformationen sind. Jeder Mensch kann aber seine Erfahrungen immer nur entsprechend dieser Strukturen in seinen Personkern integrieren, kann nur mit Hilfe seiner verfügbaren Strukturen Wissen, Fühlen, Können und Wollen artikulieren und so neue Teilstrukturen ausdifferenzieren und die Struktur transformieren. Wie der Einzelne mit Anregungen und Anforderungen aus seiner Umgebung umgeht, entscheidet sich deshalb an seinen internen Strukturen. Diese aber sind individuell und für Außenstehende schwer zu erkennen und zu erschließen.

Das hat weitreichende Konsequenzen für das Lehren und Lernen. Folgt man dem Denkansatz des Konstruktivismus, dann kann Lehren nicht einfach als Vermittlungsmöglichkeit von Wissen, Können, Fühlen und Wollen betrachtet werden. Vielmehr muss „Lehren" als Anregung zum selbstständigen Umorganisieren bestehender Strukturen verstanden werden. Wenn der Mensch lernt, vollzieht er also Prozesse der Konstruktion, indem er sich selbstständig und selbsttätig neue Informationen (im weiten Sinne) aneignet, Prozesse der Rekonstruktion, wenn er in sich die Bedeutungen aus Informationen rekapituliert, die andere diesen Informationen (z. B. Texten) beigegeben hatten, und Prozesse der Dekonstruktion, insofern er merkt, dass er mit seinen bisherigen Konstruktionen, das heißt seinen kognitiven, emotionalen, volitionalen, aktionalen Strukturen, nicht oder nicht mehr zurechtkommt und diese deshalb verändern muss. Was also von der Außenwelt, von der sozialen Umwelt, der Familie oder der Schule zum Lernen der Kinder und Jugendlichen beigetragen werden kann, sind strukturierte Anstöße, Anregungen, Problemstellungen, gelebte Verhaltensvorbilder, didaktisch aufbereitete Materialien und pädagogische oder didaktische Situationen, die solche konstruierenden, rekonstruierenden und dekonstruierenden Lernprozesse bei ihnen auslösen (Reich, 1997; Voß, 1998 u. a.).

Fasst man die angeführten Aspekte des heutigen Lernbegriffs zusammen, so ergibt sich: Schülerinnen und Schüler lernen erfolgreich, wenn sie

– aktiv, selbsttätig lernen können
– mit Hilfe des Lernstoffs neue Bedeutungen und Strukturen aufbauen (konstruieren) können

- ihr Lernen selbst steuern können
- die Lernsituation und das Lernumfeld als unterstützend erleben
- Wissen und Bedeutungen mit Mitschülern und Lehrern sozial aushandeln.

Damit ist nicht gesagt, dass Schülerinnen/Schüler nur so lernen. Selbstverständlich lernen sie auch rezeptiv, extrinsisch motiviert und lehrerbegleitet, allerdings immer unter der Voraussetzung, dass sie das so Gelernte in ihre Denk-, Gefühls-, Handlungs- und Könnensstrukturen integrieren.

2.4 Handlungsorientierung als Grundprinzip des Werkstattunterrichts

Unter Unterrichtsprinzipien versteht man in der Schulpädagogik fächerübergreifende Grundsätze oder Handlungsregeln für die Unterrichtsgestaltung. Solche Grundsätze haben sich aus der Unterrichtsforschung ergeben, insofern sie nämlich die Effizienz und die Qualität des Unterrichts vergrößern und sichern. Je nachdem ob sie eher allgemeine Orientierung geben oder ob sie konkrete didaktische Einzelentscheidungen meinen, unterscheidet man zwischen konstitutiven oder fundierenden Unterrichtsprinzipien einerseits und regulierenden Unterrichtsprinzipien andererseits. Die Handlungsorientierung gehört (neben Schülerorientierung und Sachorientierung) zur erstgenannten Gruppe.

Lernen ist nicht einfach das Ergebnis von Belehrtwerden, sondern – wie dargestellt – von selbstgesteuerten Aktivitäten des lernenden Subjekts „Schüler", der dabei mit allen Sinnen und seinem ganzen Selbst beteiligt ist und neue Erfahrungen in seine bisherigen Denk-, Gefühls-, Könnens- und Wollensstrukturen integriert. Lernen ist demnach ein Handeln. Vom Lebensbeginn an begreift der Mensch durch Be-greifen und selbst der Erwachsene schaltet in dem Moment auf Ausprobieren und praktisches Tun um, wenn er mit dem Verstehen einer Information (z. B. Spielregeln, Aufbauanleitungen usw.) nicht zurecht kommt.

Handlungen sind absichtsvolle, zielstrebig und sinnhaft vollzogene Tätigkeiten des Menschen, die teils bewusst und reflektiert, teils unbewusst und spontan erfolgen. Beim Tätigsein strukturiert der Mensch seinen Handlungsraum, aktiviert vorhandene Kompetenzen und erweitert oder verändert seine inneren Strukturen auf Grund der Erfahrungen beim und mit dem Tun. Es kommt zum Lernen und Dazulernen: „learning by doing" (J. Dewey), „Lernen durch geistig-manuelle Tätigkeiten" (G. Kerschensteiner).

Damit es dazu im Unterricht kommt, ist Handlungsorientierung vonnöten. Dieses Unterrichtsprinzip fordert konkret, dass

- die Lehrerdominanz zugunsten von möglichst viel Schülerselbsttätigkeit beim Lernen reduziert wird

- handelnde Lernformen wie Spiel, Erkundung, Erforschung, Entdeckung, Herstellen, Ausprobieren, Nachprüfen, Experimentieren, Phantasieren usw. verstärkt berücksichtigt werden
- der Unterricht konsequent ein Lernen mit allen Sinnen und durch praktisches Tun, über das dann reflektiert wird, also ganzheitliches Lernen, vorsieht
- die Schüler zum Fragenstellen, zur Ideenproduktion und zur Hypothesenbildung sowie zur Handlungsplanung mit anschließender Ausführung und Überprüfung ihrer Vorstellungen durch sie selbst ermutigt werden
- fächerübergreifendes und gemeinwesenorientiertes Lernen (z. B. in Projekten) mit großen Anteilen gemeinsamen, praktischen und reflektierenden Tuns realisiert werden
- Schüler Verantwortung für das eigene Tun und die Ergebnisse ihres Handelns erfahren
- soziales, kooperatives und kommunikatives Handeln systematisch eingeübt und analysiert werden.

Im Handeln braucht der Schüler/die Schülerin selbstverständlich Wissen; jedoch liegt dieses nicht einfach vor, sondern wird durch Handlungskontexte herausgefordert und hervorgerufen. Die Theorie des situierten Lernens (Greeno, 1998) belegt, dass spezifisch arrangierte Lernsituationen und Lernumgebungen Wissen (Informationswissen) aktivieren und umgekehrt aus den Handlungsvollzügen Wissen (Handlungswissen) entsteht. Auch verfügt das Gehirn im prozeduralen Gedächtnis noch über eine zusätzliche Lernmöglichkeit, die über die Motorik und das praktische Tun Informationen erwirbt und verfügbar macht.

Als besondere Vorzüge eines handlungsorientierten Unterrichts ergeben sich demnach:

1. Handlungsorientierter Unterricht vermeidet den Aufbau von „trägem Wissen" durch situiertes Lernen; er überwindet die Kluft zwischen Wissen und Handeln, lässt Informationswissen praktisch werden und Handlungswissen entstehen.

2. Selbstständiges und selbstverantwortliches Lernen durch Handeln hat nachweislich positive Unterrichts- und Schuleffekte:
   - Das aktive unterrichtsbezogene Schülerverhalten nimmt zu, unterrichtsbezogene Störungen nehmen deutlich ab.
   - Die soziale Kooperation in der Klasse wird besser.
   - Lerneifer und länger andauernde Motivationsphasen stellen sich ein.
   - Das Lehrer-Schüler-Verhältnis verändert sich, Schüler fragen gezielt Lehrer- oder Schülermithilfe nach.

3. Die hohe Steuerreizwirkung des Lernstoffs und das handlungsorientierte Lernen haben vorteilhafte Rückwirkungen auf das Empfinden und die Verhaltensweisen der Schülerinnen/Schüler.

4. Der Lernweg geht in der Regel von der äußeren Tätigkeit zur inneren gedanklichen Verarbeitung über die Versprachlichung. Dem entspricht eine Unterrichtsartikulation mit den Stufen: 1. Motivation, 2. Orientierung, 3. Handelnde Tätigkeit mit Sprachbegleitung, 4. Lautsprachliche Darstellung ohne handelnde Begleitung, 5. Gedankliches Arbeiten ohne laute Sprache.

5. Die Grenze des handlungsorientierten Lernens ist der blinde Aktionismus oder die bloße „Herumwerkelei" ohne Sinngerichtetheit und ohne Verantwortungsübernahme für das selbstständige Tun.

Im handlungsorientierten Unterricht lernen Schülerinnen und Schüler die eigene Tätigkeit eigenverantwortlich zu steuern, über das eigene Tun zu reflektieren, Informationen zu suchen, sich zu erarbeiten und zu speichern, eigene Handlungspläne aufzustellen, sie auszuführen und auf ihre Effizienz zu überprüfen, – kurz: Problemlösestrategien, fachliches Wissen und methodische Kompetenz.

3. Unterrichten und Lernen in der Werkstatt

Unterrichten und Lernen sind zwei Seiten, zwei Perspektiven, zwei unterschiedliche Zugänge zum Schulunterricht. Unterrichten ist die Tätigkeit des Lehrers oder der Lehrerin, Lernen ist die des Schülers und der Schülerin – beides zusammen begründet das spezifische Verhältnis, in dem Lehrer und Schüler zueinander stehen. (Dabei soll nicht unerwähnt bleiben, dass bei den unterrichtlichen Interaktionen auch Lehrer Lernende und Schüler Lehrende sein können!). Mit seinen Überlegungen zum Unterricht und seinem didaktischen Handeln (wie lehren, erziehen, darbieten, veranschaulichen, motivieren, interessieren, fördern, auslesen, disziplinieren, helfen, beraten, beurteilen, ermutigen, gegensteuern usw.) bemüht der Lehrer sich, bei den Schülern Lernprozesse anzuregen, zu lenken, zu unterstützen und zu kontrollieren. Lernen meint – umgekehrt – zusammenfassend alles, was die Schülerinnen und Schüler auf Veranlassung des Lehrers, aus eigenem Antrieb oder im Umgang mit Personen, Sachen und Situationen zufällig tun; sie erweitern, vertiefen oder verändern im Unterricht ihr Wissen, Können, Fühlen und Wollen. Im Werkstattunterricht liegt der Akzent auf dem angeleiteten, aber doch selbstständigen Erwerb der folgenden Kompetenzbereiche durch die Schülerinnen und Schüler:

1. Sachkompetenz
   - Wissen und Können
   - Verstehen und Wiedergeben
   - Anwenden und Übertragen

2. Sozialkompetenz
   - Kooperationsfähigkeit und -bereitschaft
   - Hilfsbereitschaft
   - Toleranz und Rücksichtnahme
   - Kompromissbereitschaft und gewaltfreies Lösen von Konflikten
   - Kontaktbereitschaft
   - Einhalten von Regeln
   - Verantwortungsbewusstsein und -übernahme

3. Selbstkompetenz
   - Lernbereitschaft
   - Selbstständigkeit
   - Verantwortungsgefühl
   - Selbstvertrauen und Selbstwertgefühl
   - Engagement

- Interesse
- Entscheidungsfähigkeit

4. Methodenkompetenz
  - das Lernen lernen
  - Informationen beschaffen, analysieren und beurteilen
  - freie Texte und Sachtexte abfassen
  - Beweisverfahren durchführen
  - Argumentationen, Gespräche und Diskussionen führen
  - naturwissenschaftliche Experimente ausführen
  - Gedanken, Ideen und Gefühle ästhetisch umsetzen
  - Lernergebnisse präsentieren und dokumentieren
  - fächerübergreifende Beziehungen herstellen.

3.1 Organisationsformen von Werkstattunterricht

Werkstattlernen ist seit den letzten Jahren zu einer Lernform in allen Bildungs- und Fortbildungsinstitutionen geworden: Schule, Lehrerbildung, Erwachsenenbildung und betriebliche/außerbetriebliche Weiterbildung. Das gemeinsame Interesse dieser Institutionen an der Werkstatt liegt nach W. Pallasch und H. Reimer darin, dass sie „eine Lern- und Arbeitsstätte (ist), in der man in eigener Verantwortung bei Ausschöpfung der eigenen Fähigkeiten und Fertigkeiten alleine oder zusammen mit anderen unter zeitweiliger Anleitung sich mit etwas Neuem vertraut macht oder an der Lösung einer Problemstellung arbeitet" (1990, S. 132). In jeder dieser Institutionen nimmt der Werkstattunterricht allerdings andere Formen an und verfolgt unterschiedliche Zielsetzungen.

1. Die Werkstatt im Schulunterricht

Eine neuere Definition von schulischem Werkstatt-Unterricht (Weber, 1998, S. 9) lautet: „Eine Werkstatt, die in einer Schule eingesetzt wird, besteht aus einer Anzahl von Aufträgen, die von den Schülern selbstständig bearbeitet werden können, samt dazugehörigem Material. Aufträge und Material sind vom Lehrer vorbereitet und strukturiert worden, die Schüler haben also keinen oder nur einen geringen Einfluss auf die Auftragserteilung. Dafür können die Kinder selbst bestimmen, welche Aufträge sie erledigen wollen und in welcher Reihenfolge. Es ist allerdings möglich, die Schüler bei der Planung von Werkstatt-Aufträgen mitzubeteiligen." Bei der Werkstatt im Unterricht arbeiten die Schülerinnen/Schüler auswählend und selbstständig, allein oder mit einzelnen oder mehreren Lernpartnern an vorgegebenen Aufträgen, zu ausgewählten Lerninhalten, die fachbezogen oder fächerübergreifend sein können. Dazu ist das Klassenzimmer zu einem Raum mit Arbeitsbereichen umgestaltet, in denen

Lernangebote, bestehend aus Selbstlernmaterialien mit Arbeitsaufgaben, für die Schüler frei zugänglich und motivierend offeriert werden. Eine solche Werkstatt kann sich – je nach Themenschwerpunkt – über 2 bis 5 Wochen erstrecken, in denen etwa wöchentlich 2 bis 4 Std. Unterrichtszeit vorzusehen ist. Jeder Themenaspekt sollte möglichst in etwa 15–20 Minuten Lernarbeit bewältigt sein. Bei der Werkstatt im Rahmen des regulären Schulunterrichts unterscheidet man zwei Grundformen: die themen- und zielorientierte Werkstatt und die offene Werkstatt.

(1) Die themen- und zielorientierte Werkstatt

Themen- und zielorientierte Werkstätten orientieren sich in der Regel am Lehrplan und stehen in Zusammenhang mit dem Lernstoff der Hauptfächer des Schulunterrichts. Sie müssen didaktisch so aufbereitet sein,

- dass sie ein breites Lernangebot enthalten, das verschiedenen Lerntypen gerecht wird, unterschiedliche Lernformen vorschlägt und die Interessen der Schüler/Schülerinnen anspricht
- dass die Lerngegenstände übersichtlich und sachlogisch strukturiert sind, einen hohen Anreiz und Neuigkeitsgehalt haben und für die Schülerinnen/Schüler als „erreichbar" angesehen werden können (vgl. differenzierte Aufgabenstellungen von „mittlerem Erreichbarkeitsgrad")
- dass die Schülerinnen/Schüler die Arbeitsaufträge ohne fremde Hilfe verstehen
- dass die Schülerinnen/Schüler das Anspruchsniveau der Aufgabenstellungen möglichst sofort erkennen
- dass die Schülerinnen/Schüler sich die Aufgabenstellungen selbstständig erarbeiten können
- dass die Schülerinnen/Schüler unterschiedliche Sinne einsetzen, Arbeitstechniken verwenden und Kompetenzen aufbauen können (Skizzieren, Beobachten, Spielen, Entdecken, Experimentieren, Lesen, Schreiben, Rechnen, Gestalten, Konstruieren usw.)
- dass gruppendynamische Prozesse und soziale Lernformen berücksichtigt sind
- dass die Schülerinnen/Schüler ihre eigenen Fähigkeiten und Fertigkeiten entdecken
- dass es ein von allen Schülerinnen/Schülern zu bearbeitendes Fundamentum gibt und ein Additum, das wahlfrei ist, den besonderen Interessen der Schüler Rechnung trägt, ihre Phantasie und Kreativität herausfordert sowie besondere Förderangebote enthält
- dass sie Lernangebote für die schulische und für die außerschulische Gegenwart und Zukunft enthalten

– dass die Schülerinnen/Schüler ihre Beobachtungen, Überlegungen, Experimente, Einsichten und Ergebnisse dokumentieren und präsentieren können

– dass die Schülerinnen/Schüler ihren Lernweg und ihr Lernergebnis nach vordefinierten Erfolgskriterien selbst kontrollieren können.

In der Fachliteratur (vgl. K. Zürcher; J. Reichen; A. Weber u. a.) hat sich eine Unterteilung in drei Typen dieses Werkstattunterrichts durchgesetzt:

1. *die Erfahrungs-Werkstatt*, bei der sich die Schülerinnen/Schüler an Hand ausgewählter Lernmaterialien einen Sachverhalt, der für sie neu ist, allein und ohne lehrergesteuerten Unterricht erarbeiten

2. *die Fertigkeits-Werkstatt* (Übungs-Werkstatt oder Trainings-Werkstatt), der das Erlernen und Verstehen neuer Sachverhalte im lehrergeplanten Unterricht vorangegangen ist und die dem Üben, Vertiefen, Wiederholen, Anwenden und Transferieren des Gelernten dient, also im Dienste der Ergebnissicherung steht

3. *die unterrichtsbegleitende Werkstatt*, die im Klassenunterricht teils kurzfristig als Unterstützung eines Lernprozesses oder als Methodenvariation eingefügt ist, teils als freiwillig nutzbares Ergänzungsangebot den Schülern in der Stillarbeit oder, wenn sie die allgemeinen Aufgaben bereits erledigt haben, zum Selbstlernen nach Interesse zur Verfügung steht.

Eine themen- und zielorientierte Werkstatt kann im Schulunterricht auf unterschiedliche Weise organisiert werden:

1. als Büfett-Modell

Beim Büfett-Modell werden in speziellen Ecken des Klassenzimmers auf Regalen, in Schränken und auf Tischen lehrplanbezogene, differenzierte Arbeitsmaterialien bereitgestellt, mit denen sich die Schülerinnen und Schüler die Lerninhalte selbst erarbeiten oder vertieft üben können. Solche Arbeitsmaterialien können sein: Aufgabenkarteien, Spiele (Kartenspiele, Bingo, Lottospiele, Kegelspiele, Würfelspiele), Memorys, Dominos, Setzkästen, Klammerkarten, LÜK-Kästen, Arbeitsblätter, Arbeitshefte, Bücher und Informationsbroschüren, Schülerexperimentierkästen, Puzzles, Wort-, Zahlenmaschinen, Kassetten, Dias, Videos, Computerprogramme, aber auch Bastelmaterial, Mal- und Tuschkästen, Karton, Holzstücke, Zeitungen/Zeitschriften, alle mit entsprechenden Arbeitsaufträgen oder Anweisungen versehen, und vieles mehr. Sie sollen so beschaffen sein, dass die zu erledigenden Aufgaben teils in Alleinarbeit, teils in Partner- oder Gruppenarbeit durchgeführt werden können bzw. müssen; sie sind ästhetisch ansprechend gestaltet und fachinhaltlich durchstrukturiert; sie regen zum Tätigwerden an und ermöglichen grundsätzlich eine Fehlerselbst-kontrolle durch die Lernenden.

2. als Stationen-Modell

Beim Stationen-Modell wird zunächst ein geeignetes Lernthema ausgewählt; dann werden Grobziele aus den Bereichen Sach-, Sozial- und Selbstkompetenz formuliert, die die Schülerinnen/Schüler an diesem Thema erreichen sollen; danach wird das Thema in einzelne Inhaltsbereiche aufgegliedert, zu denen dann wiederum Unteraspekte festgelegt werden, die als Stationen geeignet erscheinen. Zu jeder Station, die auch aus mehreren Themenaspekten bestehen kann, werden daraufhin Karten mit Angabe des Themas, mit der Zielangabe, den Arbeits-aufträgen, der Materialangabe, der Sozialform und den Hinweisen zur Lern-kontrolle beigegeben. Nach einer kurzen Einführung in die Lernstationen durch den Lehrer/die Lehrerin suchen sich die Schülerinnen/Schüler aus, mit welcher der vielfältig, aspekt- und abwechslungsreich konzipierten Stationen sie beginn-nen möchten. Beim gebundenen Stationentraining gehen feste Schülergruppen nach einem festgelegten Zeitabschnitt von Station zu Station weiter, beim freien Stationentraining bilden sich die Klein- oder Partnergruppen nach Belieben, und die Kinder/Jugendlichen suchen sich die Stationen, mit denen sie sich nacheinander beschäftigen wollen, selbst aus. Sie lernen – neben dem schon bei der Büfett-Methode Erwähnten – vor allem bei Lernaufgaben den für sie geeigneten Schwierigkeitsgrad herauszufinden, ihre Zeit einzuteilen, geeignete Lernpartner auszuwählen und sich leistungsmäßig selbst zu evaluieren.

3. als Arbeitsplan-Modell

Bei diesem Modell, auch Tagesplan- oder Wochenplanarbeit genannt, erhält jeder Schüler/jede Schülerin am Wochenbeginn einen differenzierten Plan mit Pflicht- und Wahlaufgaben aus dem Stoffpensum eines einzelnen Unterrichts-faches oder mehrerer Fächer, soweit diese Anteile ihres Stundenkontingents (meist je 1 Unterrichtsstunde pro Woche) dafür bereitgestellt haben. Dieser Plan enthält die Arbeitsaufgaben und eine Rubrik, in der die Schüler vermerken müssen, was sie erledigt haben sowie wann und mit wem. Verpflichtend sind im Plan bestimmte Kernaufgaben, die alle Schüler bewältigen müssen, der zeitliche Rahmen, der für deren Erledigung zur Verfügung stehen soll (Tag, Woche) sowie die Form der (möglichst selbsttätigen) Lernkontrollen. Freigestellt ist den Schülern eine Fülle von themenbezogenen, leistungs- und interessendifferen-zierten Wahlpflicht- oder Wahlaufgaben, die Zeiteinteilung, die Sozialform beim Lernen und die Reihenfolge der Aufgabenbearbeitung.

Ein Beispiel: Die Indianerwerkstatt

(nach: Görlich-Kreitmann, R.: Das Indianerprojekt.
In: Hänsel, D., Hrsg.,
Das Projektbuch Grundschule. Weinheim 1986, S. 87 ff.)

INDIANER

Jagen und sammeln
1 Büffel
2 Büffel malen
3 Büffelrätsel
4 Pemmikan
5 Essbares aus dem Wald
6 Kräutertee

Alltag
1 Nomaden
2 Tipimodell
3 Schmuckgegenstände zeichnen
4 Schmuck herstellen
5 Tipi einrichten

Glaube/Religion
1 Trommeln
2 Lied singen
3 Lied begleiten
4 Ornamente und Verzierungen
5 Märchen
6 Medizinmann

Zusammenleben
1 Lebensweisheit
2 Friedenspfeife
3 Gesichter bemalen
4 Indianernamen
5 Indianerschrift
6 Indianersprache
7 Erziehung
8 Indianerfamilie
9 Tipiregeln

Verschiedenes
1 Der traurige Rest
2 Siedler
3 Die große Überfahrt

(2) Die offene Werkstatt

Seit über 10 Jahren besteht beispielsweise an der Bielefelder Laborschule (deren Gründer H. v. Hentig war) ein regelmäßiges Angebot offener Werkstätten. „Dabei handelt es sich um handwerklich-musische Bereiche, wie z. B. Töpfern, Aquarellmalerei, Werken mit Holz, Textiles Gestalten, Kochen und Backen, Konstruieren mit Pappe und Papier, Darstellendes Spiel, Tanz und vieles mehr" (Blömeke/Bosse/Görlich, 1999, S. 11). Aus einem unfangreichen Themenangebot, das Lehrerinnen/Lehrer, aber auch andere Personen aus dem Schulumfeld (z. B. Eltern, andere Experten) den Schülerinnen/Schülern machen, wählen diese frei aus, was sie interessiert und was sie bearbeiten wollen. Nur in Ausnahmefällen helfen die Lehrer bei der Entscheidungsfindung der Schüler mit. Finden mindestens vier (höchstens 10) Schüler an einem Werkstattangebot Interesse, wird die Werkstatt durchgeführt. Sie findet dann einmal wöchentlich an einem für alle Klassen festgelegten Tag 60 Minuten lang statt, kann sich über mehrere Wochen erstrecken, erfolgt in der Regel in altersgemischten Gruppen und läuft in der Form offenen Unterrichts ab. Das bedeutet: Die Lehrer (oder Eltern beispielsweise) stellen das notwendige Material und Werkzeug bereit, führen die Schüler in deren Handhabung ein, geben technische Hilfestellung und – wenn geboten – achten darauf, dass die Schüler sich nicht versehentlich gefährden; ansonsten überlassen sie die Schüler sich selbst, lassen sie auf sich selbst gestellt. Denn diese sollen möglichst von allein und in Absprache mit ihren Mitschülern alles Nötige entscheiden und herausfinden. Die Werkstattergebnisse werden ebenfalls von den Schülern selbst präsentiert.

Die offene Werkstatt ist nicht einfach eine Erweiterung oder eine andere Form des herkömmlichen Kunst-, Musik- oder Werkunterrichts. Sie verfolgt vielmehr das Ziel,

– die Schülerinnen/Schüler Basiserfahrungen machen zu lassen mit Materialien wie Ton, Holz, Papier, Stoff, mit Lebensmitteln, mit dem Musizieren, dem Rollen- und Theaterspielen, mit dem Malen sowie mit dem Handhaben von Werkzeugen

– die Schülerinnen/Schüler Freude am elementaren Gestalten und am persönlichen Ausdruck finden zu lassen sowie ihre Kreativität und Fantasie frei zur Entfaltung zu bringen

– die Schülerinnen/Schüler den Wert und auch die Schwierigkeit des Miteinanderhandelns erfahren zu lassen

– bei den Schülerinnen/Schülern den verantwortlichen Umgang mit den Materialien und Werkzeugen einzuüben (z. B. Pflege der Malutensilien, Vorsicht und Sorgfalt beim Sägen, Aufräumen der Werkstatt)

– die Schülerinnen/Schüler persönliche Fähigkeiten, Fertigkeiten und Begabungen an sich entdecken zu lassen, ihre Stärken ebenso wie ihre Schwächen

– Schülerinnen/Schüler mit besonderem Förderbedarf zu unterstützen.

Offene Werkstattangebote richten sich daher „nicht in erster Linie nach dem Zweck, operationalisierbare Ziele zu erreichen, wie z. B. handwerkliche Grundkenntnisse, sondern dienen vielmehr der kindlichen Wahrnehmung, ihrem Ausdruck, ihrer Gestalt. Der Prozess des Tuns, des Schaffens, der Arbeit selber ist wesentlicher Sinn der Werkstattangebote. Handwerkliche Fertigkeiten, künstlerische Schaffensprodukte, fleißige Resultate sind auch erwünscht und beabsichtigt. Ergebnisse sind jedoch nicht die Schwerpunkte der Werkstattangebote" (a.a.O., S. 14).

Als offene Werkstatt eignen sich Angebote, die die folgenden Merkmale aufweisen: Erstens müssen von den Schülerinnen/Schülern Tätigkeiten verrichtet werden, die im Haushalt, in der Arbeitswelt oder im künstlerisch-gestalterischen

Bereich auch tatsächlich so durchgeführt werden. Zweitens sollen die Tätigkeiten kulturgeschichtlich betrachtet elementare Formen der Kulturaneignung sein, also einfache und ursprüngliche Verrichtungen. Drittens muss das Material auch insofern schülergemäß sein, als sie es tatsächlich allein bearbeiten könnten; gleichermaßen gilt für die Werkzeuge, dass sie zwar original, aber von den Kindern handhabbar sein müssen. Viertens müssen die Schüler den Vorgang, den sie verrichten, durchschauen können und wissen, wieso mit einem bestimmten Handwerkszeug ein bestimmter Effekt erzielt wird. Fünftens darf das zur Verfügung gestellte Material die Schüler nicht zu stark auf einen bestimmten Bearbeitungsweg oder ein bestimmtes Ergebnis festlegen; den Schülern muss ein Spielraum für die Entfaltung eigener Ideen bleiben.

Ein Beispiel: Werkstatt Bauen von Musikinstrumenten

(aus: Blömeke/Bossel/Görlich, 1999, S. 59–61)

„Eine Werkstattstunde:

Wenn die Kinder zur Werkstatt kommen, finden sie in verschiedenen Kisten und Kartons unterschiedliche Materialien vor. Die Werkzeuge sind auf einem Tisch vorbereitet. Maximal vier Kinder können bei diesem Angebot von einem Erwachsenen betreut werden.

Peter, Michael, Marie und Nele sind heute zum Bau von Musikinstrumenten gekommen. Sie haben die Ergebnisse der Kinder aus den vorigen Wochen gesehen und eine feste Vorstellung von dem, was sie heute bauen wollen.

Peter (1. Schuljahr) und Michael (2. Schuljahr) sind befreundet und möchten mit ihren selbstgebauten Instrumenten gemeinsam Musik machen. Sie wollen aus dicken Pappröhren Schüttelrohre herstellen, die sie aber auch als Schlagzeuge verwenden können. Marie (Vorschulkind) stellt sich vor, ein Klangmobile zusammenzustellen. In ihrer Kindergruppe hing ein ganz edles hölzernes Windspiel an der Eingangstür und sie möchte nun eines für ihr Kinderzimmer nachbauen. Nele (1. Schuljahr) bewegt sich gern nach Musik. Zu ihr passt das Schellenband, das sie sich heute für ihr Handgelenk herstellen will. Während Peter und Michael schnell die passende Papprolle, die Behälter mit den kleinen Kieselsteinen und den Plastikperlen ausgesucht haben, hat Nele sich ein Stück Leder und viele Kronkorken an ihren Platz gelegt. Nur Marie findet nicht die richtigen Materialien für ihr Windspiel. Wir überlegen gemeinsam, welche Materialien einerseits gut klingen, aber auch einfach zu verarbeiten sein könnten. Marie entscheidet sich für eine Plastikröhre (Vitaminbrausetabletten), einen großen Schrankschlüssel, eine Blechbüchse (Kaffeesahne) und Kronkorken. Ich zeichne für Peter und Michael an der Papprolle die Stelle vor, an der sie ihre Teilstücke absägen sollen. Damit die Sägeflächen einigermaßen glatt werden, sie nicht mit der Säge ausrutschen und sich verletzen, gehen die beiden in die gleichzeitig stattfindende Holzwerkstatt, wo es eine Werkbank mit Zwingen gibt.

48

Dort werden sie sich zwei etwa 30 cm lange Rohrstücke absägen.

Marie legt auf einer schmalen Holzleiste zweimal nacheinander ein kleines Lineal an und markiert die Enden. Sie sägt mit meiner Hilfe die Leiste an den Markierungslinien durch und erhält so zwei gleiche Teile, die sie mit einer Schnur kreuzweise wickelt. Nele hat mit Maries Unterstützung ein um ihr Handgelenk passendes Lederstück zurechtgeschnitten, in das ich ihr nun rechts und links je drei senkrecht übereinander stehende Löcher mit der Lochzange einstanze. Sie und Marie stehen neben mir. Nele hämmert mit einem spitzen, langen Nagel Löcher in die Kronkorken. Das geht einfacher, wenn sie den Nagel an der Innenseite, die mit Plastik überzogen ist, ansetzt. Marie dreht mit einem Holzbohrer Löcher in die vier Enden des Holzkreuzes. Die Lochstellen hat sie sich vorher markiert. Beide Mädchen haben Mühe, aber sie arbeiten konzentriert und sind sehr motiviert, ihr Musikinstrument fertig zu bekommen.

Peter und Michael kommen aus der Holzwerkstatt und zeigen ihre gesägten Papprollen. Sie erzählen, dass sie sich gegenseitig geholfen haben. Da wir nicht so viele Deckelstücke haben, werden sich die beiden Jungen selbst welche herstellen. Ich gebe ihnen Karton, der gerade so stark ist, dass sie ihn noch mit einer Schere zurechtschneiden können. Sie sollen ihre Papphöhre senkrecht darauf stellen, jeweils viermal den Umriss mit einem Bleistift nachziehen und danach die Kreise ausschneiden. Auch hier müssen sie sich gegenseitig helfen und sind beschäftigt, während ich Marie und Nele unterstützen kann.

Marie legt ihre ausgesuchten Mobileteile passend unter das Holzkreuz, um abzumessen, wie lang die Schnüre sein müssen, damit sich die Gegenstände im Windstoß auch berühren und Klänge erzeugen können. Sie schneidet vier Stücke von der dünnen Schnur ab. Nun fängt sie an, den Schlüssel an die eine Schnur anzubinden. Sie hämmert ein Loch in die Mitte des Blechdosenbodens und befestigt ebenfalls ein Stück Schnur daran. In die Plastikröhre habe ich ihr zwischendurch ein Loch mit Hilfe des Lötgerätes geschweißt und sie kann auch hier weiterarbeiten. Dann klopft sie mit Nele um die Wette Löcher in die Kronkorken, um sie auf die Schnur aufzufädeln.

Auch Nele hat inzwischen genug Kronkorken, die sie auf eine etwa 25 cm lange Schnur auffädelt. Die Schnur wird rechts und links in die Mittellöcher des Lederstreifens eingezogen und innen jeweils fest verknotet. Sie hängt locker durch, damit die „Schellen" auch gut aneinanderschlagen können. Durch die anderen beiden Löcher zieht sich Nele auf jeder Seite eine vorbereitete Lederschnur, die sie miteinander um ihr Handgelenk verknotet. Sie probiert ihr Instrument sofort aus, bewegt ihr Handgelenk und tanzt rhythmisch zum Schellengeräusch.

Während die Kinder an ihren Instrumenten basteln, sprechen wir über den jeweiligen Ablauf der einzelnen Handlungsschritte. Jedes Kind nimmt somit auch am Arbeitsvorgang der anderen teil.

Peter und Michael haben inzwischen ihre Pappkreise ausgeschnitten. Während
Peter sich einige Plastikperlen in seine Röhre gefüllt hat, hat sich Michael für die
Kieselsteine entschieden. Sie haben die Röhren bereits selbstständig mit Hilfe von
Klebeband und den Deckeln verschlossen und probieren nun die verschiedenen
Geräusche aus, die sie damit erzeugen können: langsam perlende, schneller ras-
selnde ...Die Perlengeräusche klingen leichter, heller als die Kieselsteine, die mehr
rasseln. Sie suchen nach den passenden Worten, um das Gehörte zu definieren.
Mit Holzstöcken schlagen sie wilde Rhythmen auf die Röhren und sind sehr zu-
frieden, weil sie ein „Doppelinstrument" gebaut haben. Beide wollen ihre Schlag-
zeug-Schüttelrohre zu Hause noch verzieren.
Auch Marie ist fast fertig mit ihrem Mobile. Sie hält es am Holzkreuz fest und be-
wegt es, um die Töne zu hören, wenn die einzelnen Gegenstände aneinander-
schlagen. Es klingt zwar nicht so wunderbar, wie das Windspiel aus der Kinder-
gruppe, aber dafür hat sie es selbst gemacht. Weil es schon spät ist, befestige ich ihr
in der Mitte des Kreuzes noch die Schnur, mit der Marie ihr Instrument zu Hause
aufhängen kann.
Ehe die Kinder klingend, rasselnd und schellend in ihre verschiedenen Stamm-
gruppen zurückgehen, um ihre Werkstattergebnisse zu zeigen, helfen sie beim
Aufräumen mit."

2. Die Lernwerkstatt

Eine der Schulreforminitiativen Ende der 70er Jahre des letzten Jahrhunderts
in Deutschland war die sogenannte Lernwerkstattbewegung. Deren Verfechter
sehen das Lernen nicht als Produkt eines Lehrvorgangs an, sondern als Prozess
aktiver Erfahrungsgewinnung der Lernenden. Sie schufen – zuerst an Universitä-
ten, später auch an Lehrerfortbildungsinstitutionen, heute sogar z. T. auch an
einzelnen Schulen – pädagogische Laboratorien, „Lernwerkstätten", als Orte, an
denen Studierende, Referendare/Referendarinnen, „fertige" Lehrerinnen/ Lehrer und auch Schülerinnen/Schüler Erfahrungen mit ihrem eigenen Leben machen können. Mittlerweile gibt es in Deutschland über 100 Lernwerkstätten mit
unterschiedlichen Grundkonzeptionen, Forschungsanliegen und Organisationsformen.

Die Lernwerkstatt als Reforminstitution

Die Bezeichnung „Lernwerkstatt" ist nicht schlecht gewählt. Denn in der
Lernwerkstatt ist „das Lernen selbst" Gegenstand der Arbeit. Am Lernen
arbeiten heißt, sich selbst in der Rolle des Lernenden zu erleben, sich einem
Thema, Sachverhalt oder Problem zu stellen und Erfahrungen mit sich selbst und
mit dem eigenen Lernen zu machen.
Wirft man einen Blick in diese Werkstatt für das Lernen, so besteht sie in der
Regel aus 2 klassenzimmergroßen Räumen mit Flur. In Regalen und auf Tischen
befindet sich das „Werkzeug", nämlich anregend gestaltete Lern- und Arbeits-

materialien vielfältiger und höchst unterschiedlicher Art. Zu ihnen zählen sowohl Bücher, Modelle, Experimentierkästen, Karten, CDs, Kassetten oder Gegenstände als auch didaktische Spiele, Karteien, Puzzles, Spielpläne, Kartenspiele, Arbeitsmappen/-blätter oder Lernmemorys, schließlich aber auch Malkästen, Kleber, Papier/Pappe, Zeitungen/Zeitschriften, Holz, Metall, Hammer, Nägel, Draht usw. – Lern- und Arbeitsmaterialien also, die zum aktiven Tun einladen. Den „Arbeitsplätzen" einer Werkstatt entsprechen in der Lernwerkstatt Arbeitsecken und Nischen, die durch offene Regale oder Stellwände abgeteilt sind. Da gibt es beispielsweise die Leseecke, die Computerecke, die Ecke mit Sinnesmaterialien, die für Malen und Gestalten sowie die für Musik und Darstellendes Spiel, eine Ecke für Mathematik und eine für die Sprachen, schließlich noch die Ecke fürs Konstruieren und Basteln und für naturwissenschaftliche Experimente.

Die Konzeption der Lernwerkstatt

Die Lernwerkstatt berücksichtigt neuere Entwicklungen in der Lern- und Unterrichtsforschung, die den Unterschied zwischen dem Unterrichten als der Tätigkeit des Lehrers und dem Lernen als der Tätigkeit des Schülers betonen. Ihnen zufolge führt Unterrichten nicht automatisch und linear-kausal zum Lernen, ist Belehrtwerden vom Lernstoffaneignen zu unterscheiden. Denn alles Lernen ist ja eine höchst individuelle, sinnbezogene, aktive Konstruktionsleistung des menschlichen Subjekts auf Grund von Lernangeboten und Lernanreizen, die ihm zur Verfügung gestellt werden oder in seiner Lernumgebung vorhanden sind. Aller Lernerfolg hängt deshalb von der Bereitschaft und Fähigkeit des Schülers ab, selbsttätig und eigenverantwortlich mit den Lernaufgaben umzugehen.
Studierende und Lehrerinnen/Lehrer vergrößern in der Lernwerkstatt ihre Professionalität. Denn hier begeben sie sich noch einmal in die Rolle von Lernenden und Mitlernenden, wählen sich lehrplanbezogene Unterrichtsthemen aus und betreiben dazu kreativ und einfallsreich Unterrichtsplanungen, erarbeiten passende Freiarbeitsmaterialien und Wochenpläne, Lernzirkel und projektorientierte Lernaufgaben. Anders als bei der herkömmlichen Unterrichtsvorbereitung geht es bei der Arbeit in der Lernwerkstatt nicht nur um das Produkt, die fertige Stundenvorbereitung, sondern auch um die Selbsterfahrungen beim Planungsprozess, darum, dass man sich mit all seinen Sinnen und praktischen Fähigkeiten einbringt, dass man für sich das Lernen wieder entdeckt. An sich selbst das Lernen erfahren und einen Blick dafür bekommen, wie Kinder lernen – das macht das Besondere des Lernorts „Lernwerkstatt" aus. Lernerfahrungen dieser Art sind für alle diejenigen besonders wichtig, deren Berufsaufgabe es ist, anderen Lernaufgaben zu stellen und andere das Lernen erlernen zu lassen. Was Lernen ist und wie es den Menschen als Person betrifft, wie es Freude macht und belastet, wie es Interesse oder Neugier weckt und Frustration

oder Enttäuschung verursacht, wie es Widerstände zu überwinden, Umwege und Irritationen, Langeweile und Unlust auszuhalten veranlasst, wie es Anstrengung und Ausdauer braucht, aber auch Zufriedenheit und Identitätserlebnisse auslöst – all das vergisst schnell, wer selbst nicht mehr in der Rolle des Lernenden ist. Das Verständnis für die Wege und Irrwege des Lernens wächst aber in dem Maße, wie man selbst wieder in die Lernerrolle versetzt ist. Gerade für Lehrerinnen und Lehrer (und alle die, die diesen Beruf ergreifen wollen), die es gewohnt sind, anderen „etwas beizubringen", Sachverhalte „besser und richtiger zu wissen", sind Erfahrungen mit der Lernerrolle nicht nur wichtig, sondern berufsnotwendig, wollen sie der drohenden „déformation professionelle" gegensteuern. Und werden dann die von Studierenden und Lehrerinnen/Lehrer erarbeiteten Materialien, zu einem bestimmten Unterrichtsthema als Stationentraining/Lernzirkel aufbereitet, anschließend mit Schülerinnen/Schülern in der Lernwerkstatt erprobt, dann wird diese Institution zu einem Ort der Lehrerforschung, zu einem didaktischen Laboratorium. Im Unterschied zum herkömmlichen Schulunterricht können Kinder in der Lernwerkstatt nämlich tatsächlich individuell lernen. Sie können hier inzidentell, situativ und auch unsystematisch lernen, da kein Lernzielkatalog und kein durchstrukturiertes Lernpensum absolviert werden müssen und kein Lernen im Gleichschritt und im stundenplanmäßigen Fachwechsel stattfindet. Schülerinnen/Schüler dürfen *zeitvergessen* lernen, da jeder von ihnen sich so lange in ein Problem vertiefen darf, wie er/sie möchte und braucht, so dass jeder seinem Lerntyp entsprechend arbeiten kann. Die Interdisziplinarität und die Ganzheitlichkeit beim Lernen sind gewährleistet, ebenso *ästhetisches* Lernen mit allen Sinnen und vielen Wahrnehmungsmöglichkeiten gewünscht; imaginativ zu lernen, Phantasie, Vorstellungen, kreative Ideen und Produktionen, Erfindungen und Entdeckungen, spontane und emotionale Impulse beim Lernvorgang herauszufordern, gehört hier ebenso zum Lernkonzept.

Laboratorium ist die Lernwerkstatt darüber hinaus noch für die universitäre Schulpädagogik. Denn sie ermöglicht quantitative und qualitative Unterrichtsforschung, wobei die Beobachtung und Evaluation offener Unterrichtsverfahren im Vordergrund stehen. Aus ihren Forschungsergebnissen erwachsen wichtige Beiträge zu Fragen der inneren Schulreform und zur theoriegeleiteten, selbstreflexiven Erweiterung der professionellen Handlungskompetenz von Lehrerinnen und Lehrern.

Besondere Labormöglichkeiten der Lernwerkstatt

Die besonderen Laboratoriumsmöglichkeiten der Lernwerkstatt liegen in der Planung, Gestaltung und Auswertung offener Lernformen, wobei Studierende, „fertige" Lehrerinnen/Lehrer und Schülerinnen/Schüler in diesen drei Bereichen je unterschiedliche Erfahrungen machen. Das soll am praktischen Beispiel eines Jahresarbeitsthemas für die Lernwerkstatt erläutert werden:

1. Schritt	Zunächst findet die Planungsgruppe der Lernwerkstatt (Schulpädagogen aus Theorie und Praxis zusammen mit Studierenden) durch Brainstorming mit anschließender Diskussion ein Jahresthema, das mehrperspektivisch ist und in der Schule fächerübergreifend behandelt werden kann. Ein solches Jahresthema, auf das sich dann programmatisch die Aktivitäten in der Lernwerkstatt für ein Studienjahr konzentrieren, kann beispielsweise heißen: „Wasser" oder „Himmel und Planeten", „Spuren und Wege" oder „Farben und Klänge".
2. Schritt	Gruppen von Studierenden/Lehrern erarbeiten, welche Aspekte des Themas für Schulerinnen/Schüler der Grundschule (oder auch der Sekundarstufe) curricular bedeutsam, interessant, neugierig machend, experimentell erprobbar, kreativ umzusetzen und problemlösend anzuwenden sein könnten.
3. Schritt	Nach eingehender Diskussion werden diese Aspekte überarbeitet, auf abgrenzbare Teilthemen gebracht und zu Stationen eines Lernzirkels mit etwa 12 Stationen konkretisiert.
4. Schritt	Studentengruppen/Lehrergruppen entwickeln aus Fach- und Schulbuchliteratur vor allem aber durch eigene Ideen Materialien, an denen Kinder eines bestimmten Lernentwicklungsalters sich den jeweiligen Themenaspekt möglichst selbsttätig – allein, mit einem Lernpartner oder in einer Kleingruppe – aneignen und die Richtigkeit auch selbst kontrollieren können. Dabei kommt alles auf Schülergemäßheit, Lernen mit allen Sinnen, Handlungsorientierung und Lernmethodenvariation an.
5. Schritt	Die Lernmaterialien zu den einzelnen Teilthemen werden jeweils auf einem großen Tisch als Lernstation bereitgestellt; eine Aufgabenkarte informiert präzise darüber, was die Schülerinnen/Schüler an dieser Station zu tun haben, ob sie allein oder mit anderen zusammenarbeiten sollen und wie sie das Gelernte aufschreiben und überprüfen können.
6. Schritt	Schulklassen (mit ihren Lehrern) kommen zum Unterricht in die Lernwerkstatt. Die Aufgabe der Studierenden besteht nun in der systematisch durchgeführten pädagogischen Diagnostik. Die Diagnose umfasst erstens die Evaluierung der Lernstationen hinsichtlich verschiedener Kriterien wie Schwierigkeitsgrad, Überforderung/Unterforderung, Verständlichkeit der Aufgabenstellung, Motivierungsgehalt und Anschaulichkeit, Aktivierungspotential; zweitens betrifft die Diagnose das Schülerlernverhalten bei der Auswahl von Aufgaben, der Wahl der Lernpartner, die Konzentrationsdauer,

die Gewissenhaftigkeit der Aufgabenerledigung, die Planung von Lernzeit, die Lernkontrolle und vieles mehr; drittens erstreckt sie sich auf die didaktische Kompetenz der Studierenden, Unterrichtsinhalte für das selbsttätige Lernen von Kindern einer bestimmten Altersgruppe aufzubereiten.

Eine Lernwerkstatt will darüber hinaus noch mehr sein, nämlich so etwas wie ein „Marktplatz", ein „Forum" für neue didaktische Ideen und Konzeptionen. Von ihr gehen Initiativen zur Evaluation von Materialien für den Offenen Unterricht aus, die von Verlagen produziert und den Schulen angeboten werden. Durch Seminare, Workshops und Vorträge in- und ausländischer Referenten fördert die Lernwerkstatt den Gedankenaustausch über aktuelle Reformideen und didaktische Innovationen. Allwöchentlich ist sie Treffpunkt selbstorganisierter Lehrergruppen, die neue Unterrichtsformen kennen lernen und sich darüber mit andern austauschen wollen. Arbeits- und Gesprächskreise treffen sich in ihr, um Praxisprobleme zu besprechen und nach schülerorientierten Lösungen zu suchen oder um Arbeitsmaterialien zu erstellen. Zusätzlich gibt sie Schulen Gelegenheit, Projektergebnisse in Ausstellungen einem breiteren Publikum zu präsentieren und zur Nachahmung anzuregen.

Ein Beispiel: Die Augsburger Lernwerkstatt

Die Augsburger Lernwerkstatt, ein Kooperationsprojekt des Lehrstuhls für Schulpädagogik der Universität Augsburg zusammen mit dem Staatlichen Schulamt Augsburg, besteht aus zwei klassenzimmergroßen Räumen und einem langgezogenen Flur. Wie die folgende Skizze zeigt, gibt es in dieser Lernwerkstatt „Arbeitsecken", in denen didaktische „Materialien" auf Regalen zum Freien Arbeiten und zur kreativen Beschäftigung bereitgestellt sind. Geht man durch die Lernwerkstatt, so kommt man zunächst zur Pinnwand (A), auf der allgemeine Informationen, das Jahresprogramm der Lernwerkstatt, Aktivitäten und Anregungen zu finden sind. Im ersten Raum befindet sich zunächst ein Informationstisch mit Arbeiten zum Offenen Unterricht (B) und eine Kaffee-Tee-Ecke (C). An der Tafel daneben steht das jeweilige Jahresthema (D), d. h. das fächerübergreifende Arbeitsthema für ein Schuljahr. Es schließt sich dann eine Lese- und Meditationsecke an (E) gefolgt von einer Ecke mit Bewegungs- und Koordinationsmaterial (F) und mit Materialien zur Sinnesschulung/Montessori-Materialien (G). In der nächsten Ecke (H) befinden sich didaktische Materialien für das Fach Mathematik, daneben (I) solche für die Muttersprache und für die Fremdsprachen. Bevor man den ersten Raum verlässt, kommt man an allgemeinem Material vorbei (J), wozu Werkbänke, zwei Schreibmaschinen, drei Computer, eine kleine Druckerei, Werkzeuge, Stifte, Farben, Pappe, Kleber, Dosen, Schachteln usw. zählen. Im zweiten Raum befinden sich dann Selbstlernmaterialien für Werken, Gestalten und Malen (K), für Musik und Darstellendes Spiel (L) sowie für Geographie, Geschichte/Politik, Wirtschaft-/ Sozialkunde, Physik/Chemie, Technik

und Biologie (M), die im naturwissenschaftlichen Bereich vor allem für Experi-
mente geeignet sind.

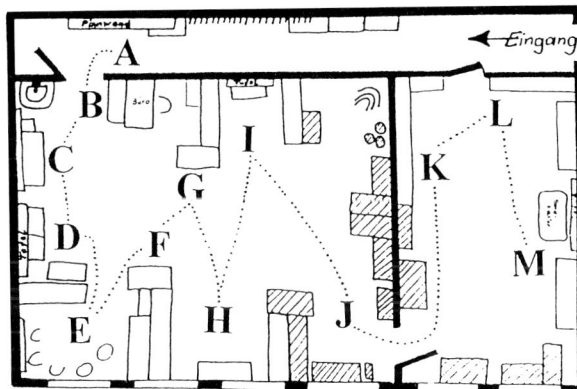

Grundriss-Skizze der
Augsburger Lernwerkstatt

3. Die Zukunftswerkstatt

Die Zukunftswerkstatt (heute auch Gemeinsinnwerkstatt genannt) ist eine
vorwiegend erwachsenenpädagogisch-didaktische Konzeption mit demokratie-
gesellschaftlicher Relevanz, die von dem Zukunfts- und Friedensforscher
R. Jungk Ende der 60er Jahre des letzten Jahrhunderts erdacht und seitdem in
vielen Beispielen praktiziert worden ist. Mittlerweile ist sie in der Hochschule,
der Erwachsenenbildung und (noch vereinzelt) auch in der Schule als bewährte
Methode anerkannt, die an die Stelle des referentenorientierten und frontalunter-
richtlichen Lehrens getreten ist. R. Jungk und N. R. Müllert gehen in ihrem
Konzept „Zukunftswerkstatt" davon aus, dass in einer Demokratie möglichst
jeder an der Lösungsfindung ihn und alle betreffender Probleme beteiligt werden
sollte. Jeder sollte sich seine persönlichen Ziele und Wünsche bewusst machen
und konkrete Überlegungen anstellen, wie seine höchst personlichen Lösungsvorschläge in seiner eigenen Lebenspraxis privat und gesellschaftlich, allein und
mit anderen zusammen, konsensual Schritt für Schritt realisiert werden könnten.
„In Zukunftswerkstätten, die geduldig durch die Schichten der durch Werbung
hervorgerufenen Bedürfnisvorstellungen zu den tiefer liegenden eigentlichen Erwartungen und Hoffnungen der Menschen vordringen, entstehen zutreffendere
Bilder von dem, ‚was die Leute wirklich wollen', als in den üblichen Meinungs-
umfragen" (Jungk/Müllert, 1989, S. 183). Zukunftswerkstätten helfen, eine Lü-
cke im demokratischen System und beim Interesse der Menschen an Dingen und

Sachverhalten, die sie gemeinsam angehen, zu schließen, Menschen von der Gleichgültigkeit zur Anteilnahme zu bringen.

Ziele und Themen einer Zukunftswerkstatt

Das Hauptziel einer Zukunftswerkstatt ist die Entwicklung von Fantasie zur Problemlösung bei den Beteiligten sowie von deren Bereitschaft und Fähigkeit, die Lösung des analysierten Problems mit eigenen Mitteln anzugreifen. Infolgedessen dient eine Zukunftswerkstatt

– dazu, bei den Teilnehmern/Teilnehmerinnen ein Bewusstsein dafür zu schaffen, dass sie Widernisse, Probleme, Schwierigkeiten, Ungereimtheiten oder Ungerechtigkeiten aus ihrem eigenen Lebensfeld nicht fatalistisch hinzunehmen brauchen, sondern dass sie ihre eigenen Kräfte mobilisieren müssen und können, um diese zu verbessern

– zu tieferer Reflexivität und Fähigkeit zu Kritik und Selbstkritik am Bestehenden und zur Formulierung des persönlich Gewünschten und Gemeinten

– zu mehr Kreativität und Fantasie bei zukünftig durchzuführenden Veränderungen

– zu Streitkultur und Konsensfindung

– zu größerem Zutrauen in die eigenen Veränderungsmöglichkeiten und Veränderungskräfte, besonders im Zusammenwirken mit anderen, im Blick auf die Zukunft.

Dass Zukunftswerkstätten mehr und etwas anderes sind als eine einfache Problemlösungsmethode, dass sie vielmehr nachhaltige Folgen haben, die über das gemeinsame Reflektieren und Handeln hinaus den persönlichen Lebensstil beeinflussen und zum aktiven Eintreten für Veränderungen führen, belegen R. Jungk und N. R. Müllert (a.a.O., S. 144f) mit der folgenden Zusammenstellung:

– „Menschen aus unterschiedlichen Erfahrungs- und Lebensbereichen kommen miteinander ins Gespräch

– gegenseitiges Verstehen wird gefördert, man lernt sich persönlich kennen

– tiefer gehende Auseinandersetzungen mit drängenden Fragen kommen zustande

– eine Politisierung findet statt

– man wird sich der eigenen Situation, der Lebensumstände bewusst

– eine andere Einstellung zur eigenen Tätigkeit entsteht

– das Finden von Gemeinsamkeiten statt des Austragens von Kontroversen prägt die Arbeit

– ein Gruppenkonsens wird erarbeitet

- ein Gruppengefühl entwickelt sich, Isolation wird durchbrochen
- das Engagement, etwas zu unternehmen, wird geweckt
- die Grenzen des eigenen Wollens werden erkannt
- praktische Veränderungen im Alltag folgen, besonders der Mut zum Engagement und Aktivwerden wächst
- durch das ‚Zusammenwerken‘, durch die vielfältigen Abstimmungs-, Einigungs- und Auswahlprozesse wird demokratisches Verhalten geübt
- oft überraschend wird die Kraft von Wunsch- und Fantasiefähigkeit wiederentdeckt
- die Stimmung und der Enthusiasmus in der Gruppe beflügeln und reißen mit
- das Erlebnis, etwas gemeinsam erdacht und entwickelt zu haben, stärkt Hoffnungen
- die zeitweilige Freiheit zum Blödeln, Spinnen, Fantasieren und Fabulieren stimuliert – auch über die Zukunftswerkstatt hinaus – Utopie-Euphorie
- unterdrückte Fähigkeiten und Kräfte kommen zum Vorschein
- das Selbstwertgefühl wird gestärkt
- neue Sichtweisen und Möglichkeiten ergeben sich
- die Intensität der Auseinandersetzung mit gesellschaftlichen Problemen ist stärker als bei üblichen Diskussionsveranstaltungen
- Selbstbestätigung und Vertrauen in die eigene Kraft werden gestärkt
- ungewöhnliche, überraschende Problemlösungen werden gefunden
- das freundlich-harmonische Miteinander-Umgehen, das Sich-Öffnen-Können, das Wohlfühlen bei einer zielgerichteten Tätigkeit kann therapeutisch wirken."

Geeignete Themen sind alle nationalen, regionalen, lokalen oder persönlichen Probleme in Organisationen, Institutionen, Berufen und im Privatleben, die die Teilnehmer als nicht angenehm oder belastend empfinden und von denen sie meinen, dass sie verändert werden müssten. Dazu zählt der Umweltschutz ebenso wie die Atomenergie, die Reform von Schule und Unterricht wie die Anonymität in städtischen Wohnblocks, die Führung des Jugendzentrums wie die Einrichtung von Kindergärten, die familienfreundlichere Arbeitsplatzgestaltung für berufstätige Frauen wie die Planung von Arbeitsabläufen in einem Betrieb usw. usw.

Die Organisation einer Zukunftswerkstatt

Zukunftswerkstätten können als Kurzwerkstätten mit etwa 3 Stunden Zeitbedarf, als Wochenendwerkstätten oder als Wochenwerkstätten (5 Tage) durchgeführt werden. Vor allem die beiden letztgenannten Organisationsformen werden häufig außerhalb der gewohnten Lebens- und Arbeitsumgebung durchgeführt, d. h. im Falle der Schule außerhalb des Unterrichts und Schulgebäudes in Fortbildungsstätten, Jugendhäusern oder Schullandheimen.

In der Regel durchläuft eine Zukunftswerkstatt 5 Arbeitsphasen:

1. die Vorbereitungsphase

In die Vorbereitungsphase fällt zunächst die Themenfindung durch die Teilnehmer oder die Ankündigung eines Themas, das sich der Leiter und Moderator der Werkstätte überlegt hat und zu dem sich Interessierte anmelden können. Dabei müssen die Aufgabenstellung und die Zielsetzung allen Teilnehmern klar gemacht werden, – wenngleich sich beides während der Werkstatt durchaus verändern kann. Des Weiteren sind vom Leiter entsprechende Räume (ein Plenumsaal, mehrere Gruppenzimmer), Arbeitsmaterial (große Papierbögen, Klebeband, Scheren, Filzschreiber usw.) und Präsentationsmöglichkeiten (Stellwände, Tafeln, Flipcharts u. Ä.) herzurichten. Die Gruppengröße soll etwa 20 Personen sein.

Zur Vorbereitung einer Zukunftswerkstatt gehören noch Informationen zu deren Methodik sowie zu deren „Spielregeln". Danach beginnt die Warming-up-Phase, wenn sich die Teilnehmer untereinander nicht kennen, bzw. eine Einstimmungsphase, wenn sie sich nicht unbekannt sind.

2. die Kritikphase

Jeder Teilnehmer soll in dieser Phase zum Thema jede Kritik, die ihm persönlich wichtig ist, präzise und ohne Rücksichten äußern. Provozierende Fragen des Moderators verleiten unterstützend dazu. Alle Kritikpunkte werden unkommentiert aufgeschrieben und für alle sichtbar ausgelegt. Ist diese Kritiksammlung abgeschlossen, werden die Kritikpunkte klassifiziert und systematisch in Problembereiche zusammengefasst. Durch Zuteilen von Klebepunkten (etwa 3 pro Person) wählen die Teilnehmer die Kritikpunkte aus, die ihnen die wichtigsten sind und die die thematischen Schwerpunkte der Werkstatt sein sollen.

3. die Fantasiephase

Nun sollen die Teilnehmer positive Lösungen, Vorschläge, Ideen für die Kritikthemenkreise finden, ohne dabei Rücksicht auf deren Realisierbarkeit oder Finanzierbarkeit zu nehmen. Das geschieht zunächst in der Form des Brainstorming oder Brainwriting, wobei die Teilnehmer die vorher aufgelisteten Probleme, Ängste, Schwierigkeiten ins Positive auflösen sollen. Hier zählen nur Fantasie, Intuition und faszinierende Ideen, die Gedanken sollen kreisen; Gedankenspiele sind erwünscht. Alle Gedanken werden auf Papierbögen notiert und allen zur Verfügung gestellt. Anschließend werden die erträumten fantasievollen und utopischen Lösungsvorschläge systematisiert und zu Gruppen zusammengestellt, um dann wiederum durch eine Punktvergabe bewertet und gewichtet zu werden. Daraufhin werden Kleingruppen zu den Fantasiethemenkreisen gebildet, die die meist gewählten Lösungsvorschläge präzisieren und dann präsentieren sollen (wobei die Präsentationsformen von der Kurzgeschichte über das Rollenspiel bis hin zur Collage oder einem Gesangsstück reichen können).

4. die Verwirklichungsphase

In dieser Phase ist nicht schon an eine Umsetzung in die Praxis gedacht, sondern an die Inbezugsetzung der fantasievollen Lösungsvorschläge mit der gesellschaftlichen, organisationalen, institutionellen oder privaten Realität. Dazu wird erstens eine kritische Prüfung der utopischen Vorschläge auf ihre gegenwärtige oder zukünftige Realisierbarkeit vorgenommen (Was?, Wer?, Wie?, Wo?, Wann?, Mit wem zusammen?). Durchsetzungsmöglichkeiten werden eingeschätzt, Durchsetzungsstrategien entwickelt, Aktionspartner und Unterstützungssysteme überlegt. Ist das geschehen, wird die konkrete, schrittweise Planung einer Aktion oder eines gemeinsamen Projekts angedacht. Sollten sich diese Überlegungen zurzeit nicht verwirklichen lassen, muss wenigstens eine reale Utopie als Ziel formuliert werden, auf das hingearbeitet werden soll.

5. die Nachbereitungsphase

Die Nachbereitungsphase umfasst die interne Evaluation der Werkstatt durch die Beteiligten, die sie in einem Blitzlicht oder mit Hilfe eines Fragebogens auswerten. Des Weiteren geht es in dieser Phase daran, den Werkstattgedanken unter den Teilnehmern zu vertiefen und Anschlusswerkstätten miteinander zu planen. Drittens gehört zur Nachbereitungsphase die Protokollierung der Werkstattergebnisse und deren Verbreitung.

Ein Beispiel: Die Schule der Zukunft
(aus: Schappert, 1999, S. 292)

„Als Zeitrahmen wird die Zwei-Tages-Werkstatt angesetzt. Um den Schulbetrieb nicht zu sehr zu stören, werden als Arbeitstage der Freitag und der Samstag gewählt. Damit ein repräsentatives Ergebnis für die Schule erzielt werden kann, kommen die Teilnehmer aus verschiedenen Klassenstufen. Es sollten jedoch nicht mehr als 20, aber mindestens 15 SchülerInnen teilnehmen. Der Lehrer übernimmt die Moderation der ZW, er muss deshalb im Voraus für einen passenden Raum und genügend Arbeitsmaterial sorgen.

– Am Freitagmorgen kommt die Gruppe zum ersten Mal zusammen. Da sich die SchülerInnen noch nicht so gut kennen, muss zuerst durch Kennenlernspiele eine vertrauensvolle Atmosphäre geschaffen werden, in der sich die SchülerInnen wohl fühlen können. Dann wird zu Beginn auch über den Ablauf und

59

*die Regeln der Zukunftswerkstatt gesprochen, damit die SchülerInnen wissen,
was auf sie zukommt.*

– *Nach ca. einer Stunde der Einführung kann die Kritikphase beginnen. Die
SchülerInnen werden aufgefordert, ganz frei und schonungslos alles einzu-
bringen, was ihnen an ihrer Schule nicht gefällt. Der Lehrer provoziert diese
Aussagen durch Leitfragen. Alle Kritikpunkte werden auf DIN-A4-Bögen
geschrieben und gesammelt. Im nächsten Schritt werden die Kritikpunkte
nach Themen zusammengefasst und durch Punktesystem bewertet. Somit
werden Schwerpunkte für die späteren Phasen gebildet, mit denen sich die
SchülerInnen im Fortgang der ZW besonders beschäftigen werden.*

– *Nach einer ausreichenden Pause von ca. einer Stunde beginnt die Fantasiephase. Zunächst werden alle negativen Kritikpunkte gemeinsam in positive
Alternativen umformuliert. Anschließend bilden sich Kleingruppen, und jede
Kleingruppe entscheidet sich für einen der Themenbereiche. Dieser wird von
ihnen mit aller Fantasie zu einem konkreten, jedoch utopischen Konzept ausgearbeitet und anschließend im Plenum der gesamten Gruppe in einer frei
gewählten Form vorgestellt. Nach diesem Höhenflug ist es notwendig, etwas
Ruhe zu finden, deshalb wird der erste Tag mit dieser Phase beendet.*

– *Am nächsten Morgen steigt die Gruppe sofort in die Verwirklichungsphase ein:
Auf der Basis der utopischen Entwürfe werden mit der gesamten Gruppe
durchführbare Aktionen oder Projekte ausgearbeitet, die dann an der Schule
als Folge dieser ZW auch durchgeführt werden sollen. Deshalb müssen sie bei
allen Innovationen doch einigermaßen realistisch sein.*

– *Wichtig ist, dass die Gruppe dieser ZW sich innerhalb des Schuljahres mehrere
Male trifft, um die Ergebnisse der ZW bzw. deren Folgen noch einmal genau
durchzusprechen und zu analysieren. Somit ist gewährleistet, dass die Ergebnisse umgesetzt werden."*

3.2 Didaktische Grundsätze beim Werkstattunterricht

Planung und Gestaltung des Werkstattunterrichts sollten bestimmten didaktischen Grundsätzen folgen, wenn sie erfolgreich verlaufen sollen.

1. Schüler als freie, selbstverantwortliche Lerner

Der Werkstattunterricht basiert auf einem Bild vom Schüler, das in ihm eine
mit Würde, Offenheit und Wahlfreiheit ausgestattete Person auf dem Weg zur
reifen, mündigen Persönlichkeit sieht. Der Weg dorthin geht über Lernerfahrungen, die teils von außen angeregt, teils von ihm selbst initiiert, teils durch Zufälle
und aus Tätigkeiten heraus erfolgen. In jedem Falle ist der Schüler als aktives, die
Realität individuell verarbeitendes Subjekt daran beteiligt.

Im Werkstattunterricht wird dem durch eine Reihe von Entscheidungsfreiheiten Rechnung getragen, die Schüler und Schülerin eingeräumt werden. Sie haben

– freie Wahl des Lernmaterials und der Lernaufgabe aus einem breiten Angebot mit unterschiedlichem Schwierigkeitsgrad und verschiedenen Lern- und Darstellungsformen

– freie Wahl der Zeit und der Zeiteinteilung (Arbeitstempo, Abfolge der Lerntätigkeit, Dauer)

– freie Wahl des Lernorts (Arbeitsplatzwahl in Nischen, an Tischen, im Flur, sitzend auf dem Boden . . .)

– freie Wahl der Sozialform (Alleinarbeit, Partnerarbeit, Kleingruppenarbeit)

– freie Wahl der Lernpartner

– freie Wahl der Lern- und Arbeitsformen (entdeckendes Lernen, Zusammenfassungen machen, freies Schreiben . . .)

Auf diese Weise lernen die Schülerinnen/Schüler, sich selbst Ziele zu setzen, Neugier und Interesse auf Lerngegenstände zu richten, selbstständig zu arbeiten, mit anderen zu kooperieren, sich mit anderen abzusprechen und zu einigen, den Erfolg der eigenen Arbeit zu überprüfen und sich leistungsthematisch realistisch einzuschätzen. Gleichzeitig ist das, was sie tun, Arbeit. Es werden ihnen über das Material und die Arbeitsaufträge Vorgaben gemacht, denen sie nachkommen müssen, die aufgegebenen Sachverhalte verlangen Konzentration, Ausdauer und Durchhaltevermögen von ihnen, Materialien wie Holz oder Papier zwingen sie zum sachgerechten Umgang, Ergebnisse stellen sich nur ein, wenn korrekt vorgegangen wurde. Sachkompetenz, Sozialkompetenz und Selbstkompetenz werden größer.

2. Schülerorientierung durch Selbsttätigkeit, Differenzierung, Ganzheit und Strukturierung beim Lernen

Es versteht sich von selbst, dass der Werkstattunterricht auf dem grundlegenden Unterrichtsprinzip der Schülerorientierung aufbaut. Das bedeutet

1) Werkstattunterricht berücksichtigt die jeweilige Entwicklungsstufe der Schüler

Schüler sind Kinder, Jugendliche und junge Erwachsene, die sich in der Entwicklung zu ihrer persönlichen Identität befinden. Sie weisen bestimmte Eigenarten und Eigenheiten auf, haben meist altersentsprechende Strukturen des Denkens, Fühlens, Könnens und Wollens aufgebaut und brauchen die Befriedigung elementarer Bedürfnisse, um sich gesund entwickeln zu können. Diese Besonderheiten werden im Werkstattunterricht didaktisch und pädagogisch beachtet. Das gilt nicht nur für die jeweils erreichte Stufe der Denkentwicklung, sondern auch für Bedürfnislagen wie die Bedürfnisse nach Geborgenheit und

Selbstständigkeit, nach Bewegung und Ruhe, nach Zugehörigkeit und Vertrauen, nach Selbstwerterleben und Könnenserfahrungen, nach Wissen, nach Verstehen und nach lebensalterstypischen Herausforderungen.

2) Werkstattunterricht berücksichtigt die ganzheitliche individuelle Persönlichkeit des Schülers

Der Schüler bekommt im Werkstattunterricht Gelegenheit, im Zusammenhang mit anderen Schülern seine Individualität zu entfalten, das heißt seine ihm eigenen Fähigkeiten und Potenziale zu entwickeln und so sich selbst zu finden und zu verwirklichen. Dazu kann er seine spezifischen Interessen an Lerninhalten in den Unterricht einbringen, darf seine individuelle Lernweise praktizieren und bekommt seine besonderen Begabungen oder auch Lernprobleme gefördert. Beim Werkstattunterricht gilt deshalb:

– Bei allen didaktischen Entscheidungen sind die Lern-, Bedürfnis-, Interessens- und Lebenslagen der einzelnen Schüler/Schülerinnen zu berücksichtigen.

– Für die Schüler mit Entwicklungsbesonderheiten – die Hochbegabten ebenso wie die Schüler mit Schwierigkeiten beim Lernen und Verhalten – sind besondere Fördermöglichkeiten vorzusehen.

– Die Schüler sollen an der Planung des Unterrichts didaktisch mitwirken und mitentscheiden können.

– Den Schülern muss eine Vielfalt der Lernwege ermöglicht werden.

– Die Schüler müssen im Unterricht so viel wie möglich selbsttätig, selbstverantwortlich und selbstentdeckend arbeiten und auf diese Weise das Lernen des Lernens erlernen können.

– Mit den Schülern sollen Metakommunikation und Selbstevaluation zum Unterricht eingeübt werden.

– Es soll ein Kommunikations- und Interaktionsstil gepflegt werden, der durch größtmögliche Akzeptanz und Offenheit geprägt ist.

Im Einzelnen sind beim Werkstattunterricht die folgenden allgemeinen methodischen Prinzipien der Unterrichtsgestaltung zu beachten:

Das Unterrichtsprinzip Selbsttätigkeit

Zu den heute am meisten genannten Unterrichtsprinzipien gehört die „Selbsttätigkeit", manchmal auch „Aktivierung" genannt. Geht man vom Wort aus, dann ist „Selbsttätigkeit" eine „Tätigkeit" des „Selbst" im Zusammenhang mit einer „Sache". Tätigkeit bedeutet dabei nicht nur praktisches, manuelles Tun, sondern auch geistige (kognitive), sinnliche, emotionale, volitionale, schöpferische, rezeptive, produktive und meditative Aktivität des Schülers/der Schülerin. Mit dem Selbst ist – im Sinne der neueren kognitivistischen und humanistischen Persönlichkeitstheorie – der Ich- und Personkern des Menschen gemeint, der ihn drängt, sich selbst weiterzuentwickeln, seine Verhaltens- und Erlebensmöglichkeiten zu aktualisieren und so die eigene Identität zu erfahren. Dass Selbsttätigkeit in der Schule immer eine Tätigkeit des Selbst an einer Sache (einer Aufgabe, einem Problem, einem Phänomen, einem Material usw.) ist, macht darauf aufmerksam, dass das Handeln des Schülers/der Schülerin sachgerecht sein muss, also von bloßem Aktivismus zu unterscheiden ist. *Das Unterrichtsprinzip Selbsttätigkeit besagt, dass Schülerinnen/Schülern Gelegenheit gegeben werden soll, einen Sachverhalt mit Hilfe ihrer individuellen Lern- und Handlungsmöglichkeiten zu bearbeiten, damit sie dabei ihre Selbstständigkeit, Selbstbestimmung und Selbstidentität entwickeln können.*

Ist in diesem Zusammenhang von „Aktivierung" die Rede, so wird das Unterrichtsprinzip aus der Perspektive des Lehrers/der Lehrerin betrachtet. Sie stellen Überlegungen an, wie die Schüler zum selbsttätigen Lernen gebracht werden können. Auch mit „Aktivierung" sind nicht allein Maßnahmen und Initiativen zu deren praktischer Betätigung oder körperlicher Bewegung gemeint, sondern solche zum (im weiten Sinne) handelnden, selbstständigen Umgang mit den Dingen.

Durch das Prinzip der Selbsttätigkeit/Aktivierung sollen die Schüler dazu kommen, sich möglichst aus eigenem Antrieb, mit eigenen Zielen, nach eigenen Methoden, mit selbstgewählten Lernpartnern und mit der Möglichkeit zur Lernselbstkontrolle mit einer schulischen Aufgabenstellung zu befassen. Damit verbindet sich die Erwartung, dass sie sich mehr und mehr ohne Hilfe des Lehrers oder anderer erforderliche Informationen beschaffen sowie geeignete Lern- und Lösungswege finden, erproben und überprüfen können; sie sollen auf diese Weise sach-, selbst-, sozial- und methodenkompetenter, problembewusster und selbstständiger im Denken, Fühlen, Handeln und Wollen werden – was ihnen zu mehr Klarheit über sie selbst verhilft. Insofern hat dieses Unterrichtsprinzip sowohl eine didaktische als auch eine pädagogische Dimension.

Das Unterrichtsprinzip Differenzierung

In der Fachliteratur ist im Zusammenhang mit dem Prinzip der Differenzierung auch vom „Prinzip der Angemessenheit" oder dem „Prinzip der optimalen Passung" die Rede; manchmal wird auch vom „Unterrichtsprinzip Differenzierung und Individualisierung" gesprochen, wobei dann die Individualisierung als intensivste Form der Differenzierung betrachtet wird.

„Differenzierung" lässt sich auf das lateinische Wort „differentia" (Verschiedenheit, Unterschied) und das dazugehörige Verb „differe" (auseinandertragen, verschieden sein) zurückführen und bedeutet so viel wie „Unterscheidung", „unterschiedliche Beurteilung oder Behandlung". Zu unterscheiden und unterschiedlich zu behandeln sind in Schule und Unterricht die Schülerinnen und Schüler. Denn sie sind in ein und demselben Altersjahrgang und in ein und derselben Klasse oder Lerngruppe recht heterogen. Die Unterschiede liegen in ihrer biografischen Entwicklung, ihren Bedürfnissen, ihrer körperlichen und psychischen Verfasstheit, ihren Fähigkeiten und Fertigkeiten, ihren Lernvoraussetzungen und Lernweisen, ihren Wahrnehmungs-, Sprach und Handlungskompetenzen, ihrer Leistungsbereitschaft, ihren Einstellungen und Verhaltensweisen sowie in ihren Interessen und Neigungen begründet. Um ihnen gerecht zu werden, müssen sich alle didaktischen und pädagogischen Maßnahmen diesen anthropogenen Bedingungen der Schülerinnen/Schüler anpassen und sich an diesen orientieren. *Das Unterrichtsprinzip Differenzierung besagt, dass die Heterogenität der Schülerinnen/ Schüler einer Lerngruppe oder Klasse schul- und unterrichtsorganisatorisch berücksichtigt werden soll.*

Der Werkstattunterricht tut dies auf bestmögliche Weise. Er differenziert

– nach thematisch-intentionalen Aspekten (vgl. Schwierigkeitsgrad und Menge der Lerninhalte und Lernziele, Leistungsfähigkeit, Arbeitstempo und Interesse der Schüler)

– nach methodischen Aspekten (entsprechend den von den Schülern favorisierten unterschiedlichen Sozialformen, Kommunikationsformen und Arbeitsweisen)

– nach medialen Aspekten (für den Lerntyp und die Lernweise der Schüler passende Arbeits- und Anschauungsmittel zum Lerninhalt)

– nach sozialen Aspekten (um die soziale Integration einzelner Schüler und das soziale Miteinander in der Klasse zu fördern).

Das Unterrichtsprinzip Ganzheit

Zu den neueren Unterrichtsgrundsätzen zählt das Prinzip der „Ganzheit" beim Unterrichten und Lernen. Statt „Ganzheit" finden sich auch die Bezeichnungen „Ganzheitlichkeit" und „Mehrperspektivität", wobei letztere Bezeichnung eher einschränkend nur den Inhaltsaspekt meint. Hinter dem Prinzip „Ganzheit" steht die Vorstellung, dass „das Ganze mehr ist als die Summe seiner Teile (W. Wundt, + 1920)" und dass zufällig und unverbunden vorhandenes Einzelnes noch kein Ganzes ausmacht. Diese Vorstellung hat seit etwa einem Jahrzehnt neue Aktualität bekommen, da – wie ausgeführt - die Persönlichkeitstheorie von behavioristischen Ansätzen abwich und sich eher kognitivistischen und humanistischen Konzepten zuwandte. Was ein Ganzes ist, bildet eine in sich strukturierte und innerlich verbundene, differenzierte Einheit aus unterscheidbaren Elementen.

Im Kontext des Werkstattunterrichts betrifft die Ganzheit/Ganzheitlichkeit drei Aspekte:

- die Ganzheit der Person des Schülers/der Schülerin als Leib-Seele-Geist-Einheit, als Einheit von Denken, Fühlen und Handeln, – was eine Absage an einen Unterricht bedeutet, der sich nur an die Kognition (Wissen, Verstehen, Behalten) richtet
- die Ganzheit des Lerninhalts, der stets Zugänge aus unterschiedlichen Perspektiven zulässt, der immer mit Menschen zu tun hat, aus deren Lebenszusammenhängen erwachsen ist und meist über eine interessante Wirkungs- und Rezeptionsgeschichte verfügt, die von Schülern leicht nach- und mitvollzogen werden kann
- die Ganzheit der Erlebnis- und Auffassungsweise des Schülers, die nicht nur wegen des symbolischen, intuitiven, bildhaften und konkreten Denkens im Grundschulalter anzutreffen ist, sondern das Lernen jedes Menschen jeden Alters prägt, insofern Lernen die individuellen kognitiven, emotionalen, motorischen und volitionalen Strukturen aktiviert.

Das Unterrichtsprinzip Ganzheit beim Werkstattunterricht beachten, bedeutet, Unterrichtsinhalte aus vielen Perspektiven zu behandeln und dabei den Schülern/Schülerinnen ein bedeutungsvolles Lernen mit Kopf, Herz und Hand zu ermöglichen, das sie möglichst auf sich und ihr Alltagsleben beziehen können.

Das Unterrichtsprinzip Strukturierung

Unter einer Struktur versteht man den geordneten Aufbau und sinnvollen Zusammenhang der (aufeinander bezogenen) Einzelelemente eines Ganzen oder eines Systems. Strukturen liegen in der Wirklichkeit nicht vor, sondern müssen herausgearbeitet werden. Die Lebenswirklichkeit des Menschen ist nämlich komplex, erscheint oft zufällig, systemlos und chaotisch. Um sich in ihr zurecht zu finden, muss sich der Mensch seine Mit- und Umwelt strukturieren. Geradezu klassische Beispiele für solcherart Strukturierungen sind die Wissenschaftsdisziplinen oder die Unterrichtsfächer. Sie betrachten und systematisieren die Welt unter einer jeweils spezifischen Perspektive, werfen einen methodisch reflektierten Blick auf sie, greifen einen besonderen Aspekt heraus, unter dem man sie sehen kann, sind ein „Fenster zur Welt" neben anderen möglichen. Strukturieren bedeutet also, einen Wirklichkeitsbereich oder Gegenstandsbereich so aufzugliedern, dass er für einen anderen zugänglich und verstehbar wird. In Hinsicht auf den Werkstattunterricht meint Strukturierung deshalb Dreierlei:

1. komplexe und komplizierte Lerninhalte zu durchgliedern

2. Unterrichtsmethoden zu verwenden, die ein systematisches Erarbeiten von Gegenstandsstrukturen erleichtern

3. bei der Auswahl der Lerninhalte und Unterrichtsmethoden der Denk-, Gefühls-, Könnens- und Wollensstruktur des Schülers/der Schülerin entsprechen.

Denn: *Das Unterrichtsprinzip Strukturierung bedeutet, dass sich der Erwerb von Wissen, Einstellungen und Verhaltensweisen beim Schüler in der Form eines geordneten Aufbaus vollziehen muss. Dazu müssen die Struktur des Lerninhalts, die Struktur des Lernenden und die Struktur der Methode zusammenpassen.*
Vor allem kommt es darauf an, Arbeitsaufträge zu formulieren, die die Strukturierungsleistung der Schüler/Schülerinnen unterstützen. Dazu müssen die Arbeitsaufträge klar und eindeutig ausformuliert sein, von den Schülern ohne fremde Hilfe verstanden werden und grundsätzlich dem Differenzierungsprinzip Beachtung schenken.

3. Werkstattunterricht als Ergänzung zum lehrergesteuerten, lehrgangsorientierten Unterricht

Dem Werkstattunterricht liegt ein erweiterter Lernbegriff zugrunde, der fachlich-inhaltliches Lernen ebenso umfasst wie methodisch-strategisches, sozialkommunikatives und affektives Lernen. Im Unterschied zum Lernen in anderen Unterrichtsformen liegt hier – wie gezeigt – eher ein inzidentelles, situatives, fächerübergreifendes und „unsystematisches" Lernen vor. Nun haben empirische Untersuchungen der letzten Jahre erbracht, dass Offener Unterricht – und damit auch der Werkstattunterricht – seine positiven Lern- und Verhaltenseffekte nur in Verbindung mit lehrergesteuertem, lehrgangsorientiertem Unterricht entfalten kann. Damit ist keineswegs der Frontalunterricht gemeint, bei dem der Lehrer/die Lehrerin allen Schülern gleichzeitig ein vorüberlegtes Stoffpensum vermittelt und bei dem die Schüler/Schülerinnen zu passiven Informationsempfängern gemacht werden. Lehrergesteuerter Unterricht beinhaltet zwar die Lenkung der Informationsvermittlung durch den Lehrer, kann aber in methodischer Hinsicht durchaus schülerorientiert sein. Aufgabe des Lehrers ist es hier, dafür zu sorgen, dass sich die Schüler trotz ihrer unterschiedlichen Lernbedingungen auf aktive Weise die für den Aufbau ihrer Kompetenzen notwendigen Lerninhalte aneignen können. Der Lehrer muss also seinen Unterricht gründlich und unter Berücksichtigung von Differenzierung und Schülerselbsttätigkeit planen und während des Unterrichts mit großem pädagogisch-didaktischen Geschick vorgehen. Der geregelte Aufbau von gesichertem, vielseitig verwendbarem Wissen verlangt nach solchem lehrergesteuerten Unterricht, das heißt nach *direkter Instruktion*, bei der der Lehrer für die Schüler angemessene Lehrziele festlegt, den Unterrichtsstoff in fachlich-sinnvolle Lerneinheiten zerlegt, anhand von Vorträgen, geeigneten Fragen und passenden Problemstellungen das notwendige Wissen vermittelt bzw. von den Schülern hervorbringen lässt, es durch ausreichende Übung und Lernzeit sichert, bei Lernschwierigkeiten Hilfen gibt und den Lernfortschritt jedes einzelnen Schülers kontrolliert. In der Regel erfolgt dieser Unterricht lehrgangsorientiert. Dabei versteht man unter einem Lehrgang eine kontinuierlich aufbauende Unterrichtseinheit, bei der Unterrichtsziele und Unterrichtsinhalte für die ganze Lerngruppe geplant und didaktisch aufbereitet werden. Lehrgänge sollen den Schülerinnen/Schülern zu einer systematisch geordneten Sach- und Methodenkompetenz verhelfen und entsprechen sowohl den fachwissenschaftlichen Anforderungen der Unterrichtsfächer und Lerninhalte als auch den Aufgaben, die die Schule für die Gesellschaft erfüllt (vgl. bes. Qualifikation und Enkulturation).

4. Die Rolle des Lehrers/der Lehrerin im Werkstattunterricht

Anders als im herkömmlichen Unterricht ist der Lehrer im Werkstattunterricht nicht in der Rolle dessen, der das nötige Wissen darbietet, vermittelt, erklärt, der demonstriert, zum Lernen motiviert und anleitet. Vielmehr ist seine Rolle in den verschiedenen Phasen des Werkstattunterrichts ganz unterschiedlich:

1) In der *Vorbereitungsphase* ist die Lehrkraft in der Rolle des Didaktikers, Arrangeurs und Organisators. Sie trifft die Entscheidung, ob ein Thema sich für eine Werkstatt eignet, legt dessen Teilaspekte (meist in Kooperation mit den Schülern) fest, wählt geeignete Materialien aus, formuliert differenzierte Arbeitsaufträge und entscheidet über die Formen der Lernkontrolle; außerdem richtet die Lehrkraft den Klassenraum entsprechend her und sorgt für „Werkzeuge" und Präsentationsflächen.

2) In der *Phase der Werkstattarbeit* wechselt der Lehrer in die Rolle des Lernberaters, Lernhelfers, Moderators und Diagnostikers. Hier gilt die Regel, den Schülern so wenig wie möglich und so viel wie nötig einzuhelfen, damit sie selbst auf die Problemlösung kommen. Er beobachtet das Lern- und Arbeitsverhalten jedes einzelnen Schülers, um daraus Rückschlüsse für individuelle Hilfe und zusätzliche Fördermaßnahmen zu ziehen sowie um eine spätere Revision der Werkstatt vornehmen zu können. Er muss den Überblick über die ganze Klasse während der Werkstattarbeiten behalten (Klassenmanagement), bei möglichem „Leerlauf" mit Impulsen einschreiten und auf werkstattfremde oder unangemessene Schülerverhaltensweisen sozial-integrativ und schülerbezogen reagieren. Grundsätzlich gilt: didaktische Zurückhaltung und Vertrauen in die Lernfähigkeit der Schüler!

3) In der *Abschlussphase* moderiert der Lehrer/die Lehrerin das Gespräch mit den Schülerinnen/Schülern über Erlebnisse, Erfahrungen, Probleme und Lernergebnisse. Schließlich lässt sich der Lehrer auch die selbstkorrigierten Arbeiten der Schüler vorlegen und organisiert deren Ergebnispräsentationen bei praktischen und medialen Aufgabenstellungen mit.

3.3 Planungsüberlegungen beim Werkstattunterricht

Den unterschiedlichen Organisationsformen von Werkstattunterricht – Werkstatt im Unterricht, Lernwerkstatt, Zukunftswerkstatt – liegen vergleichbare didaktische Vorstellungen zugrunde. An diesen muss sich die Planung orientieren. Dabei ist allerdings zu unterscheiden, ob eine Werkstatt Bestandteil des Lehr-Lern-Pensums schulischen Unterrichts sein soll (wie bei der themen- und zielorientierten Werkstatt oder dem Stationenlernen innerhalb einer Lernwerkstatt) oder ob sie ein notwendiges und sinnvolles Additum dazu sein will (wie bei der offenen Werkstatt oder der Zukunftswerkstatt). Im erstgenannten Falle verlangt sie vom Lehrer/von der Lehrerin, eine Unterrichtsplanung mit Sachanalyse, didaktischer Analyse und Evaluation durchzuführen. Im letzteren Falle muss sich die Planung auf die Themenstellung, die Auswahl geeigneter Materialien, die Organisation der Lernumgebung und Lernzeit sowie die Evaluation beschränken. Da hier die schulische Werkstatt-Arbeit im Vordergrund steht, soll sie im Folgenden ausführlicher dargestellt werden. Was dabei expliziert wird, gilt in Teilen der Punkte 3, 5 und 6 gewissermaßen analog für andere Formen von Werkstätten.

Die Unterrichtsplanung in der Schule umfasst, dem heutigen Begriffsverständnis entsprechend, die Phasen:

– Beachtung der Lehrplanvorgaben
– Erstellen eines Stoffverteilungsplans/Jahresarbeitsplans
– Planung einer Unterrichtseinheit
– Entwurf/Vorbereitung einer Unterrichtsstunde
– (Durchführung des Unterrichts)
– Nachbereitung des Unterrichts

In allen Phasen stellen sich beim Werkstattunterricht spezifische Planungsüberlegungen:

1. Planungsschritt:
Beim Blick in den Lehrplan bzw. in die Fachlehrpläne der Jahrgangsstufe, für die eine Werkstatt geplant wird, stellt sich zunächst die Frage, welche Ziel-Inhaltsbereiche (Unterrichtsthemen) für diese Unterrichtsform geeignet sein könnten.

2. Planungsschritt:
Der Jahresarbeitsplan muss entsprechend Zeiträume vorsehen, in denen Erfahrungs- oder Fertigkeitswerkstätten stattfinden sollen. Dabei ist zu bedenken, dass deren Zeitbedarf um etwa die Hälfte höher anzusetzen ist. Außerdem

ist ein kleines Zeitkontingent frei zu halten für Themenaspekte, die auf Initiative oder auf Vorschlag der Schüler/Schülerinnen kurzfristig zustande kommen.

3. Planungsschritt:

Die Planung von Unterrichtseinheiten basiert dann auf der Grundentscheidung, ob und wie bei einem Unterrichtsthema lehrergesteuerter Unterricht mit offenem Unterricht verbunden werden kann. Hierbei sind zunächst Überlegungen zur Sachanalyse anzustellen, die den zu unterrichtenden „Sachverhalt" auf seine Mehrperspektivität, seine zentralen Inhaltsaspekte und seine fachmethodischen Vorgehensweisen befragt. Hernach ist die Aufteilung der vom Schüler an diesem Thema zu erwerbenden Sach-, Sozial-, Selbst- und Methodenkompetenzen festzulegen und für ein schrittweises Lernen auf Unterrichtsstunden zu verteilen – all dieses unter Berücksichtigung der Interessen und Lernausgangslagen der Schülerinnen/Schüler (didaktische Analyse 1. Teil). Fällt die Entscheidung zugunsten eines Anteils Werkstattunterricht, ist Folgendes zu bedenken:

(1) die Entscheidung über die Form der Werkstatt (Erfahrungs-Werkstatt, Fertigkeits-Werkstatt, unterrichtsbegleitende Werkstatt)

(2) die Festlegung des Themas/der Leitidee der Werkstatt

(3) die Durchführung einer Sachanalyse, die zur Auswahl bestimmter Teilaspekte für die Werkstatt führt

(4) die Festlegung der kognitiven, emotionalen und pragmatischen Ziele, die mit der Werkstatt erreicht werden sollen

(5) die Sammlung und Herstellung der umfangreichen Lernmaterialien/des Lernangebots

(6) die Planung von Lernstationen unter Berücksichtigung

– der unterschiedlichen Interessen, Fähigkeits- und Fertigkeitsniveaus der Schüler, und zwar erstens durch die Festlegung von Pflicht-, Wahlpflicht- und Wahlaufgaben, zweitens durch Auswahlmöglichkeiten bei jeder einzelnen Lernstation und drittens durch Berücksichtigung der verschiedenen Lerntypen, Lernniveaus, Lernformen, Lerninteressen und Lernbesonderheiten der Schüler

– der Forderung nach selbstständigem und eigenverantwortlichem Lernen und zwar einerseits durch die Bereitstellung von ansprechenden, möglichst alle Sinne herausfordernden Lernmaterialien und andererseits durch Erstellen eines Auftragsblatts für jede Lernstation, das einfach und kurz formuliert, klar gegliedert und für die Schüler sofort und ohne Hilfe verstehbar ist

(7) die Erarbeitung von Kontrollsystemen mit deren Hilfe die Schüler den Erfolg ihres Lernens selbst überprüfen können und die gleichzeitig dem Lehrer Rückmeldung über den Lernprozess der Schüler geben können

(8) die Erstellung eines Arbeitspasses oder Werkstatt-Ausweis für jeden Schüler, auf dem alle Lernstationen mit ihren Aufträgen in knapper Form aufgelistet sind und deren Erledigung vom Schüler jeweils markiert wird, damit alle stets einen Überblick und eine Kontrolle über das Lernen haben; möglich ist auch ein Werkstatt-Tagebuch, in das die Schüler eintragen, was sie bearbeitet haben

(9) Vorklärung, welche Schüler bei der Werkstatt für welche Bereiche Sonderfunktionen übernehmen könnten wie z. B. Experten für Rechtschreibung, Rechnen, Computer oder Streitschlichter bei Uneinigkeiten im Zusammenhang mit der Auswahl von Lernstationen oder bei Lernspielen

(10) die Überlegung, bei jeder Werkstatt an geeigneter Stelle „Leerposten" oder einen Ideen-Basar vorzusehen, bei denen die Schüler eigene Vorstellungen zum Thema entwickeln, bearbeiten und präsentieren können, das Thema also selbst sinnvoll erweitern oder ergänzen

(11) Organisationsfragen zum Raum und zur verfügbaren Lernzeit, zur Bereitstellung von Lernwerken, Nachschlagewerken, Handwerkszeug, Papier usw.

Da die Erstellung einer Werkstatt für den einzelnen Lehrer/die einzelne Lehrerin mit sehr hohem Zeit- und Arbeitsaufwand verbunden ist, empfiehlt es sich, sie im Lehrerteam zu planen und sie für eine spätere Verwendung verfügbar zu halten.

4. Planungsschritt:
An die Stelle der Vorbereitung einzelner, aufeinanderfolgender Unterrichtsstunden tritt beim Werkstattunterricht die Gliederung in

(1) die *Einstiegsphase* mit der Orientierung über die Werkstatt insgesamt (im Kreisgespräch) und mit der Rahmenvereinbarung, in der die Regeln für die Werkstattarbeit besprochen und verbindlich gemacht werden (z. B. „Ich gehe sorgfältig mit dem Arbeitsmaterial um und lege es nach Abschluss meiner Arbeit wieder vollständig an seinen Platz zurück." „Ich bewege mich möglichst leise im Raum, um andere nicht zu stören." „Ich führe angefangene Arbeiten immer zu Ende." „Wenn ich etwas nicht weiß oder kann, überlege ich zuerst noch einmal selbst und frage dann einen Experten, danach erst den Lehrer."

(2) die *Arbeitsphase* oder Phase der eigentlichen Werkstattarbeit, an deren Ende die Dokumentation und Präsentation der Lernergebnisse steht, und

(3) die *Reflexionsphase* am Schluss der gesamten Werkstattarbeit.

5. Planungsschritt:

Der Durchführung des Unterrichts entspricht die Arbeitsphase, während der der Lehrer seine neue Rolle als Lernhelfer/Impulsgeber, Moderator und Diagnostiker wahrnimmt. Wird im lehrergeleiteten Unterricht eine kurze, unterrichtsbegleitende Werkstatt eingesetzt, stellen sich analog Fragen wie bei Punkt 3.

6. Planungsschritt:

Die *Nachbereitung* erfolgt in der Form einer doppelten Reflexion. Zum einen wird in einem offenen Dialog besprochen, was „gut" oder „nicht gut" war und warum, was verbessert werden könnte und wie, was besonders schwierig, leicht, interessant, spannend usw. war und wieso, was bei der Wiederholung einer solchen Werkstatt mit anderen Schülern ergänzt oder weggelassen werden könnte usw. Zum anderen reflektiert der Lehrer seine Beobachtungen zum Lernverhalten und zu den Lernergebnissen der einzelnen Schüler sowie dazu, wie gut ihm seine neue Lehrerrolle gelungen ist (Selbstreflexion, Selbstevaluation). Wird die Werkstatt von einem Lehrerteam geplant, empfehlen sich auch Team-Supervision und das Gespräch unter „kritischen Freunden". Diese Nachüberlegungen fließen in die Planung und Durchführung späterer Werkstattarbeit ein.

II. Praxis

Der nun folgende Praxisteil soll veranschaulichen, wie die unterschiedlichen Organisationsformen von Werkstattunterricht konkret werden, und gleichzeitig demonstrieren, mit Hilfe welcher Lernformen die Schülerinnen und Schüler dessen pädagogische und didaktische Ziele erreichen.

Dazu wird zunächst

– ein Beispiel über eine themen- und zielorientierte Werkstatt im Sachunterricht,
– ein Beispiel für einen Werkstatt-Tag in der Lernwerkstatt und
– ein Beispiel für die Organisation einer Zukunftswerkstatt

präsentiert.

Anschließend werden die Lernformen, die die Schülerinnen/Schüler im Werkstattunterricht praktizieren, im Einzelnen dargestellt.

1. Praxisbeispiele zum Werkstattunterricht

1.1 „Hexenwerkstatt" – fächerübergreifend lernen in der 3. Grundschulklasse

In einem didaktischen Laboratorium an der Freien Universität Bozen, Fakultät für Bildungswissenschaften, wurde mit Studierenden des Grundschullehramts eine Werkstatt erarbeitet. Sie orientiert sich an den Vorgaben des Lehrplans und den offiziellen Vorbereitungshilfen des zuständigen Schulamts und ist fächerübergreifend angelegt.

1) Die Lernstationen

Den Aufbau der Hexenwerkstatt zeigen die folgenden Planungsüberlegungen:

Fach: Sachkunde

	Titel	Ziel	Kurzbeschreibung	Materialien/Vorbereitung	Sozialform
1	*Pilze und Kräuter*	Verschiedene Pilze und Kräuter kennen lernen	Stöpsel in das richtige Loch neben dem Lösungswort stecken. Bei korrekter Lösung lässt sich das Bild aus dem Lochkasten herausziehen	Lochkasten mit Bild-, Wort-karten; Stöpsel	PA
2	*Hexen-Kräutergarten*	1. Mit einem Nachschlagewerk umgehen können 2. Informationen über Kräuter und Gewürze sammeln.	Wahl des „Kräutleins" (tasten, riechen, schmecken …); Finden der Pflanzen im alphabe-tischen Inhaltsverzeichnis des Buches: „Gewürze und Kräuter"; graphische Darstellung der Pflanze; schriftlich: Name, Ver-breitung, Aroma … Anwendung als Heilmittel	Hexenkräutergarten auf der Fensterbank: Melisse, Liebstöckl, Petersilie, Minze, Thymian, Majoran, Lavendel, Rosmarin, Dill … Buch: „Gewürze und Kräuter"; Verlag: „bassermann" Heft, Schreib- und Malgeräte	EA

Fach: Mathematik

3	*Zaubermuster*	Geometrische Muster legen	Geometrische Figuren in regelmäßigen Mustern zusammenfügen.	Geometrische Figuren aus festem Karton, ca. je 12 Stück: Sechseck, Quadrat, Dreieck, Achteck; alle Figuren mit exakter Seitenlänge von 10 cm. – Vorlagen	PA
4	*Happy Puzzling – „Klammer"*	Das Holzstück mit dem Seil losmachen	Über Experimentieren kann das Holzstück losgemacht werden.	Holz – Klammern – Lösungsblatt	EA
5	*Hexenalgebra*	Geheimnis des „Magischen Quadrates" erfahren	Goethes „Hexeneinmaleins" dient als Grundlage zur Erstellung und „Lösung" des „Magischen Quadrates"	Gedicht, Arbeitsblatt, Kontrollblatt, Folienstift	PA

Fach: Deutsch

6	Hexenklammerspaß	Sichern der verschiedenen Wortarten	Blaue Klammer wird an das Namenwort, die rote an das Zeitwort und die gelbe an das Eigenschaftswort geheftet. Lösung: Wenden der Karte und Farbe der Klammer mit Farbe der Markierung vergleichen.	Karten mit Namen-, Zeit- und Eigenschaftswörtern aus dem Grundwortschatz, farbige Klammern	EA
7	Hexe Karlexe lädt zum Essen ein	Wörter genau einprägen und sie verschriftlichen.	Die Hexendose wird geleert, der vollständige Text gelesen und abgelegt. Die einzelnen Streifen werden der Reihenfolge gemäß sortiert, jeweils gelesen und ins Heft übertragen.	Hexendose mit vollständigem Text und Textstreifen, Stift, Heft	EA
8	Hexenquartett	Zeitformen üben	Traditionelle Quartettspielregeln. Das vollständige Quartett besteht aus einem Bild mit dem Verb in den 4 Zeitformen: G = Gegenwart V = Vergangenheit M = Mitvergangenheit Z = Zukunft	Hexenquartett	GA

78

9	*Eine kleine Hexe*	Groß-, Kleinschreibung	Textblatt wird aus der Texttasche gezogen, der erste Satz gelesen und in Schreibschrift in das Heft übertragen. Gleiche Vorgangsweise mit den anderen Sätzen.	Texttasche, Heft, Stift, Textblätter: Vorderseite Blockschrift, Rückseite Kontrolltext	EA
		Freies Schreiben	Wähle einen Auftrag aus der Karteikiste	Karteikarten	
10	**Hexengeschichten**				
	Hexenbilderreihe	Gestalten einer Bildgeschichte	Anhand von Hexenbildern wird eine Hexengeschichte geschrieben	Hexenbilder aus der Hexendose, Heft, Schreibzeug	EA
	Hexentreppengeschichter	Auf Vorgegebenem aufbauen und eigene kreative Phantasie entwickeln	Dem Ausgangswort werden, bis zur Vervollständigung des Satzes, neue Wörter hinzugefügt	Heft, Stift	EA
	Hexenkrimskramskiste	Spielerischer Umgang mit Hexengegenständen, die eventuell auch sprechen können	1. Hexengegenstände werden ausgewählt, mit ihnen wird gespielt, gesprochen, ... 2. Die im Spiel entstandene Geschichte wird aufgeschrieben	Hexenkrimskramskiste mit verschiedenen Gegenständen (Hexe, Frosch, Besen ...), Heft, Stift	EA
	Wenn ich eine Hexe wäre ...	Durch den Text die eigene Phantasie anregen lassen	Lesen des Buchtextes und Umgestaltung der Textvorlagen	Buch: „Wenn ich eine Hexe wäre" Schindler/Kehlenbock (Neugebauer) Heft, Stift	EA

Hexenbrief	Einen Brief schreiben, Ein Couvert falten, Ein Couvert beschriften	Einen Brief an die Hexe Hexanna schreiben: Fragen an sie – Bericht über sich selbst. Das Couvert nach Vorlage falten und kleben. Das Couvert beschriften.	Hexenbriefvorlage, Hexencouvertvorlage, Hexenbriefmarke, Stift, Schere, Klebstoff	EA
Sätze, die das Wort erklären	Die Buchstaben des Basiswortes sind der erste Buchstabe zu einem Satz.	**H** – Heute ist Hexentanz **E** – Es gibt … **X** – Xandi bereitet … **E** – Endlich kommt …. Neue Beispiele gestalten	Heft, Stift	PA
Hexenpuzzle	1. Schreiben einer Hexengeschichte 2. Gestalten eines Puzzles für den Partner	Das Blatt mit der Hexengeschichte wird zu Puzzleteilen geschnitten. Der Partner muss sie zusammensetzen.	Festes Papier, Stift, Schere	PA
Hexenkettengeschichte	Gemeinsames Schreiben einer Geschichte	Ein Schüler schreibt den ersten Satz, der nächste fügt einen weiteren, sinngemäß, hinzu. Das Heft macht so lange die Runde, bis die Geschichte fertig ist.	Heft, Stift	GA

11 Hexenbuch	Verschiedener Umgang mit Gedichten	Wahl eines Auftrages aus der Karteikiste	Hexenbuch mit Hexengedichten, Karteikarten	
	Ein Gedicht szenisch darstellen	Ein Gedicht wird vorgelesen, die Rollen werden verteilt und szenisch dargestellt.	Gedicht, verschiedene Materialien aus der Klamottenkiste.	GA
	Ein Gedicht illustrieren	Ein Gedicht wird ausgewählt und eine übereinstimmende Zeichnung dazu angefertigt.	Zeichenblatt, Gedicht, Malstifte	EA
	Ein Gedicht wird rhythmisiert – vertont.	Der Rhythmus des Gedichtes wird gefunden, mit Orff-Instrumenten begleitet und „vertont".	Gedicht, Orff-Instrumente	GA
	Selbstlaute ändern	Im Gedicht werden die Selbstlaute durch andere ersetzt: Es tanzt das = Is tinzt dis …	Gedicht	PA

12	Lesespaß im Hexenhaus	Verschiedene Hexenbücher kennen lernen	Wahl eines Auftrages	Hexenbücher, Auftragskarten	
	Hexensprüche abschreiben	Hexensprüche erkennen und sie abschreiben.	Beim Lesen eines Hexenbuches sind Hexensprüche vom übrigen Text zu unterscheiden. Den Spruch jeweils abschreiben, ausschneiden und ihn an die Stellwand pinnen.	Bücher: „Hexe Lakritze" (Evelyn Hasler) „Die Hexenkugel" (Anne Kayssler Beblo) „Fifi und die Hexe" (Yak Revais) Stift, Schere, (Heft)	EA
	Richtiger und falscher Anfang	Sich den Buchanfang merken	Jeder schreibt den ersten Satz eines Hexenbuches und einen erfundenen Satz in das Heft. Die Sätze werden gegenseitig vorgelesen. Der Partner muss den richtigen Satz erkennen.	Hexenbücher, Stift, Heft	PA
	Schnuppern und lesen in den aufliegenden Hexenbüchern				

Hexenbücher

„Hexe Lakritze" (Evelyn Hasler); „Hexe Lilli zaubert Hausaufgaben" (Knister); „Hexe Lilli macht Zauberquatsch" (Knister); „Tali Trödel und die kleine Hexe" (Yael Rasman); „Fifi und die Hexe" (Yak Revais); „Leselöwen Hexengeschichten", „Dreimal Schwarzer Kater & andere Hexengeschichten" (Ingrid Uebe); „Der Hexer von Bottrop" (Klaus Peter Wolf); „Die kleine Hexe" (Otfried Preussler); „Die Hexenkugel" (Anne Kayssler Belbo); „Kunterbunte Hexengeschichten" (Sigrid Gregor); „Ri Ra Rutsch – Heute wird gehext" (Margret Rettich); „Irma hat so große Füße" (Ingried/Dieter Schubert); „Die Hasenfrau" (Gerda Wagner); „Mamma mia, lass das Zaubern" (Gerdi Hutter/Catherine Louis)

13	Zauberbuch	Fächerübergreifende „Zaubereien"	Wahl eines Auftrages	Zauberbuch, Karteikarten	
	Das verhexte Papier	Physikalisches Experiment als Zaubertrick darstellen	Das im Zick-Zack gefaltete Papier wird auf zwei leere Weingläser gelegt. Ein gefülltes Glas wird auf das Papier gestellt.	Ein Blatt Papier, 2 leere Weingläser, ein gefülltes Weinglas. (Wasser)	PA
	Magisches Wasser	Physikalisches Experiment als Zaubertrick darstellen	Auf ein randvoll gefülltes Glas wird eine Postkarte gedrückt. Anschließend das Glas umdrehen.	Glas, Wasser, Postkarte	PA
	Verhexter Luftballon	Physikalisches Experiment als Zaubertrick darstellen	Ein aufgeblasener Luftballon wird mit einigen Klebestreifenstücken beklebt. Mit einer Nadel wird in Luftballon gestochen. (Aber nur dort, wo der Klebestreifen platziert ist.)	Luftballon, Nadel, Klebestreifen, (Schere)	
	Geheimbotschaft	Mit einfachen Mitteln eine Geheimbotschaft schreiben	Mit einem dünnen Kerzenende wird eine Botschaft auf Papier geschrieben. Mit Wasserfarbe das Papier bemalen.	Weiße Kerze, Blatt, Wasserfarben, Heft, Klebstoff	PA
	Hexenschrift lesen	Spiegelschrift lesen	Der Spiegel wird so zur Schrift gehalten, dass sie lesbar wird. Der Text wird in das Heft geschrieben.	Arbeitsblatt, Spiegel	PA

Fach: Bildnerisches Gestalten

		Umgang mit verschiedenen Materialien			
14	Löffelhexe		Ein Holzrührlöffel wird mit Stoff-, Woll- und Plüschresten als Hexe gestaltet.	Holzrührlöffel, Plüsch-, Fell-, Stoff-, Wollreste, Watte, Schere, Nadel, Faden, Klebestoff	EA
15	Hexenknete	• Taktile Wahrnehmung • Nichtverbale Kommunikation	Mit verbundenen Augen wird, ohne zu sprechen, in Partnerarbeit aus der Knetmasse eine „Hexe" geformt.	Knetmasse, Augenbinde	PA

Literaturangabe

„Gewürze und Kräuter" (bassermann-Verlag)

Gerd Oberdorfer: „Phänomenale Mathe Magie" (Technorama-Zytglogge-Werk)

Anne Braun/Dagmar Geisler: „Das Hexen Spiel- und Spaßbuch" (Loewe)

Annette Breuker/Jutta Knipping: „Auf dem Blocksberg tanzt die Hex" – Spiele, Geschichte und Gestaltungsideen für kleine und große Hexen (Öktopia Verlag)

Jutta Radel/Angela Weinhold: „Hexen und Zauberer" Ein Mitmachbuch für Hexenschülerinnen und Zauberlehrlinge (Benzinger Edition)

H. W. Spieker/D. Cüppers: „Ganz verhexte Kreuzwort Rätsel" (Ravensburger)

Corina Capol – Federspiel/Christine Hamm: „Lesespaß im Hexenhaus" Werkstattmaterialien für die 2./3. Klasse (sabe)

Christel Fisgus/Gertrud Kraft: „Hilf mir es selbst zu tun!" Montessoripädagogik in der Regelschule (Auer)

Christel Fisgus/Gertrud Kraft: „Morgen wird es wieder schön!" Neue Materialien für die Praxis (Auer)

Jeder Schüler/jede Schülerin sollte beim Bearbeiten der Hexenwerkstatt ein eigenes Hexenheft führen, das zugleich Lerntagebuch war, und erhielt einen Arbeitspass zum Ausfüllen, der den Lernstand erfasste.

Mein Hexenheft

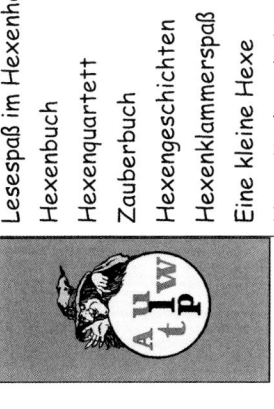

Lesespaß im Hexenhaus
Hexenbuch
Hexenquartett
Zauberbuch
Hexengeschichten
Hexenklammerspaß
Eine kleine Hexe
Hexe Karlexe lädt zum Essen ein.

Hexenalgebra
Happy Puzzling
Zaubermuster

Kräutergarten
Pilze und Kräuter

Hexenknete
Löffelhexe

2 Hexenbitten: Wenn du eine Aufgabe gelöst hast, male den Hexenhut an.
Schreibe in das Heft, wie du dich bei der Arbeit bei jedem Auftrag gefühlt hast.

2) Die Arbeitsaufträge

Einige Beispiele aus den verschiedenen Lernbereichen verdeutlichen die Arbeitsweise der Werkstatt.

Lernbereich: Umweltkunde

Hexenwerkstatt

HEXEN - KRÄUTERGARTEN

Ich kann mir Informationen über ein Gewürz beschaffen.

A.
- ✔ Suche im alphabetischen Inhaltsverzeichnis des Buches „Gewürze und Kräuter" nach dem ausgewählten Gewürz.
- ✔ Zeichne die Pflanze so genau wie möglich in dein Heft.
- ✔ Schreibe Namen, Verbreitung, Anwendung als Heilmittel, Aroma und Geschmack auf.

M. Buch: „Gewürze und Kräuter", Heft, Schreibzeug, Farben

Lernbereich: Mathematik

Hexenwerkstatt

HEXENALGEBRA

Ich lerne das Magische Quadrat kennen.

<u>Auftrag:</u>
- ✔ Lies das Gedicht von J. W. v. Goethe
- ✔ Nimm das Arbeitsblatt
- ✔ Lies die „Arbeitsaufträge" genau.
- ✔ Führe sie aus.

<u>Material:</u> Gedicht, Arbeitsblatt, Kontrollblatt, Folienstift Kontrollblatt

Hexen-Algebra

Ein gewisser Geheimrat von Goethe, der sehr viele wundersame und zauberhafte Dinge geschrieben hat, verfaßte vor über zweihundert Jahren in seinem weltberühmten Theaterstück „FAUST" ein magisches Hexenquadrat. Hier eine vereinfachte Fassung:

Es ist nicht einfach zu verstehn,
doch aus der Eins, da wird die Zehn,
die Zwei laß stehn,
und auch die Drei,
sie ist so frei.
Vier wandert an den Platz der Neun,
sie wird es sicher nicht bereun;
die Null an ihrer Stelle steht,
die hat der Sturm herbeigeweht.
Aus Fünf und Sechs,
so sagt die Hex,
mach Sieben und Acht,
so ist's vollbracht.
Fünf und Sechs stehn untenan,
sind mit Vier ein gut's Gespann.
Wenns du's nicht glauben willst,
wohlan: Vernein's,
doch so und nicht anders geht das Hexeneinmaleins.

<table>
</table>

1.

Dieses auf den ersten Blick äußerst verwirrende Gedicht wird gleich klarer, wenn du ein Quadrat mit neun Feldern hast und von 1 bis 9 durchnummerierst.

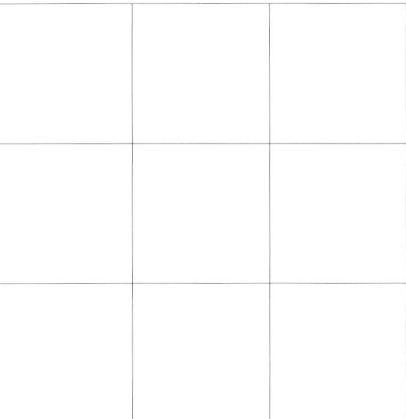

2.

Trage als nächstes die neun Zahlen so ein, wie das Hexengedicht es beschreibt: also statt 1 die 10, 2 und 3 bleiben stehen, statt 4 die 0 usw.

3.

Nichts Besonderes, denkst du? Nun, dann versuch doch einmal, die Zahlen zu addieren. Egal, ob du die Reihen waagrecht oder senkrecht zusammenzählst, das Ergebnis wird immer 15 sein. Magie oder Zauber?

Du kannst sogar diagonal von oben rechts nach unten links addieren – das Ergebnis ist wieder 15!

Nur von oben links nach unten rechts klappt es nicht. Aber schließlich muss an einem magischen Quadrat zumindest eine Sache noch rätselhaft bleiben, oder?

Kontrollblatt

1.

1	2	3
4	5	6
7	9	10

2.

10	2	3
0	7	8
5	6	4

Hexenwerkstatt

Hexe Karlexe lädt zum Essen ein

Ich kann Wörter genau anschauen.

A. ☑ Hole alles aus der Hexendose. Lies zuerst den Text und lege dann das Textblatt verdeckt weg

☑ Sortiere die Streifen so, dass der Text entsteht.

☑ Nimm den ersten Streifen

☑ Stecke den Streifen in die Dose und schreibe die Zeile in dein Heft. Mache es so mit allen Streifen.

☑ Vergleiche zum Schluss genau mit dem Text

M Hexendose, Hexenheft, Stift

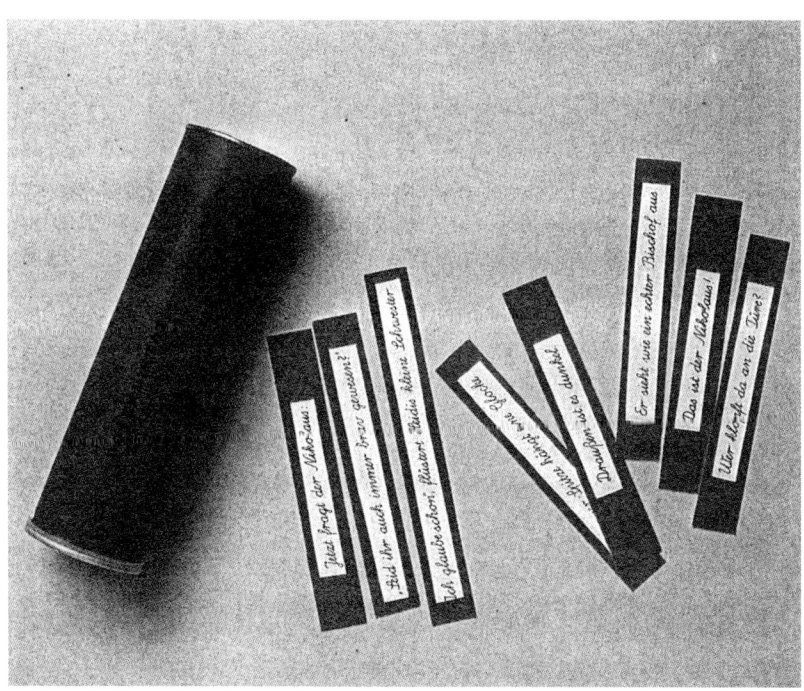

Montag gibt´s wie üblich Krapfenkopf,
Dienstag nur´nen kleinen Mückentopf,
Mittwoch Pfefferkuchenbrei,
Donnerstag ein Pfauenei,
Freitag Pfli Pfla Pflaumenschnecken,
Samstag wird euch Spinneneintopf
schmecken.
Sonntag sollt ihr Pferdezöpfe mampfen,
dazu müsst ihr aber dreimal stampfen.

Hexe Karlexe lädt zum Essen ein:

Montag gibt's wie üblich Karpfenkopf,

Dienstag nur 'nen kleinen Mückentopf,

Mittwoch Pfefferkuchenbrei,

Donnerstag ein Pfauenei,

Freitag Pfli Pfla Pflaumenschnecken,

Samstag wird euch Spinneneintopf schmecken.

Sonntag sollt ihr Pferdezöpfe mampfen,

dazu müsst ihr aber dreimal stampfen.

Hexensprüche abschreiben

Ich kann richtig abschreiben.

A.
- Wenn du beim Lesen einen Hexenspruch findest, schreibe ihn auf ein Blatt Papier.
- Schneide ihn aus und hänge ihn an die Stellwand.
- Hexensprüche findest du in: „Die Hexe Lakritze", „die Hexenkugel", „Fiffi und die Hexe".

M. Bücher mit Hexensprüchen, Schreibzeug, Schere, Hexenheft.

ZAUBERBUCH

A.
- Suche eine Zauberübung aus dem Zauberbuch.
- Den Auftrag findest du im Karteikasten.
- Führe ihn aus!
- Viel Spaß beim Hexen!

M. Zauberbuch, Karteikarten

Das Verhexte Papier

<u>Auftrag</u>

- ✔ Das Papier müsst ihr im Zick-Zack falten.
- ✔ Stellt zwei Weingläser auf den Tisch und legt das gefaltete Papier darüber.
- ✔ Rückt die Gläser in den entsprechenden Abstand.
- ✔ Murmelt den Zauberspruch.
- ✔ Stellt das gefüllte Glas auf das gefaltete Papier.

<u>Material</u>   Blatt Papier, Wasser, 3 Weingläser

Magisches Wasser

<u>Auftrag</u>

- ✔ Fülle ein Glas randvoll mit Wasser.
- ✔ Drücke eine Postkarte auf das Glas.
- ✔ Sprich die Zauberformel.
- ✔ Drehe das Glas um. (Kein Tropfen rinnt heraus.)

<u>Material</u>   Glas, Wasser, Postkarte

LÖFFELHEXEN

Ich kann Löffelhexen herstellen

Auftrag

✔ Gestalte frei oder nach Vorlage eine Löffelhexe

Material   Holzrührlöffel, Plüsch – Fellreste, Watte, bunte Stoffreste, Schere, Nadel, Faden. Klebestoff, Holzperlen.......

3) Der Verlauf

Die Durchführung der Hexenwerkstatt nahm den folgenden Gang:

Vorbereitungsphase

Im Sitzkreis in der Mitte des Klassenzimmers wurden die Schüler/Schülerinnen zunächst mit dem Werkstattthema und der Organisation der Werkstatt in Lernstationen vertraut gemacht. Sie wurden in die einzelnen Stationen und die Arbeitsaufträge eingeführt, über die Führung des Hexenbuchs informiert und in die Handhabung des Arbeitspasses eingewiesen. Auch die erforderlichen Verhaltensregeln wurden vereinbart. Nach einer kurzen multisensorischen Einstimmung in das Thema „Hexen" konnten die Schüler sich die einzelnen Lernstationen anschauen, um ihre Wahl besser treffen zu können. Jeder Schüler/jede Schülerin bekam die Verpflichtung auferlegt, aus jedem Lernbereich mindestens eine Aufgabe zu bearbeiten. Zwei Schüler werden zum Ordnungsdienst gewählt. Lernort waren zwei Klassenzimmer und der Flur zwischen ihnen. Als Zeit stand ein Schulmorgen von 8.00 bis 12.00 Uhr zur Verfügung. Die Lernstationen waren meist auf Schülertischen präsentiert.

Arbeitsphase

Die Schülerinnen/Schüler nutzten mit Freude die Wahlmöglichkeiten bei den Lernangeboten, arbeiteten fast alle (nur zwei Schüler machten eine Ausnahme) zielstrebig, selbstständig und präzise, wie an ihren Arbeitspässen erkennbar war. Die lernfähigsten Schüler hatten die Pflichtaufgaben nach der Hälfte der Zeit erledigt; sie bearbeiteten viele weitere Wahlaufgaben. Der lernschwächste Schüler hatte in der Zeit nicht ganz die Hälfte der verpflichtenden Lernstationen erledigt. Mitschüler unterstützten ihn ständig bei seiner Arbeit. Die Absprache zwischen den Schülern, die gegenseitige Hilfe (z. B. beim Basteln) war bemerkenswert, die schwierigen Einigungen z. B. beim Spiel führten in der Regel zu guten Kompromissen. Allerdings kontrollierten sich die Schüler ihr Verhalten gegenseitig, was teilweise zu kleinen Auseinandersetzungen führte (z. B. Stühle wurden reserviert und verteidigt, Scheren zurückbehalten usw.). Es entstanden auch neue Lernpartnerschaften unter den Schülern.

Bei der Auswahl der Stationen und Aufträge entschieden sich die Schüler z. T. ebenso wie ihre Freunde/Freundinnen, z. T. nach den Themen und Tätigkeiten der Lernstationen, z. T. durch einen zufälligen, kurzfristigen und wenig dauerhaften Entschluss.

Reflexionsphase

Zum Abschluss der Werkstattarbeit versammelten sich die Schülerinnen Schüler wieder im Kreis und besprachen ihren Lernweg und ihre Lernergebnisse. Dabei konnten sie sowohl ihre Ergebnisse präsentieren als auch sich über ihre Eindrücke und Erlebnisse äußern.

Anschließend sollten die Schüler noch einmal das Wichtigste ihrer Eindrücke in Kürze auf eine Karteikarte schreiben, vor allem was ihnen besonders gefallen und was weniger gut gelungen war. Positiv hervorgehoben wurden die Wahl- und Entscheidungsfreiheit, das gemeinsame Lernen und die nicht regulierte Lernzeit. Kritisiert wurde, dass es teilweise zu laut war, dass die Suche nach einem Lernpartner manchmal schwierig war und dass manche Texte zu lang waren.

1.2 „Spuren und Wege" – ein Tag in der Lernwerkstatt

In der Lernwerkstatt, die vom Lehrstuhl für Schulpädagogik der Universität Augsburg in Zusammenarbeit mit dem Staatlichen Schulamt durchgeführt wird, wurde eine „Spuren-und-Wege-Werkstatt" erarbeitet, die Grundschulen der Stadt für einen Werkstatt-Tag zum Lernen und Erproben zur Verfügung gestellt wurde (vgl. Taschner, 2000). Dabei kamen Grundschulklassen mit ihrer Lehrkraft für einen Schulmorgen in die Lernwerkstatt und wurden dort von einer Mitarbeiterin des Lehrstuhls für Schulpädagogik und Augsburger Lehramtsstudierenden betreut. Während die Schülerinnen/Schüler die Lernangebote der Werkstatt bearbeiteten, wurden sie von ihrer Lehrkraft und von Lehramtsstudierenden systematisch beobachtet.

1) Die Lernstationen

Die Spuren-und-Wege-Werkstatt besteht aus 7 Aktivitätsfeldern mit insgesamt 24 ausgearbeiteten Werkstatt-Angeboten, denen noch ein Ideen-Basar hinzugefügt wurde. Aus diesen Werkstattangeboten kann auch eine Auswahl getroffen werden und daraus eine abwechslungsreiche Werkstatt mit ca. 10–12 Lernstationen zusammengestellt werden.

Bauen
Labyrinth

Suchen
Abreiberätsel
Irrwege
Detektiv

Drucken
Druckbild
Fantasiewerkstatt
Spurenblatt
Fingerabdruck
Gipsspuren

Wahrnehmen
Fußpfad
Sandspuren
Spürnase
Klangstraße

Forschen
Tierspuren
Hieroglyphen
Lebensspuren

Ideen-Basar
Bewegungslandschaft überwinden
Geheimnisvolles erspüren
Irrgarten anlegen/Kunstwerke inspirieren
Papier-Wege konstruieren

Schreiben
Steckbrief
Geheimweg
Geheimschrift
Kalligraf
Zaubertinte
Schriftsteller

Reise ins Steinzeitalter
Spiele spielen
Sprache lustvoll erleben
Stadtspaziergang/Tieren auf der Spur
T-Shirt entwerfen/Wege nähen/Weg zur
Mitte finden

2) Die Arbeitsaufträge

Im Folgenden werden einige Beispiele für Arbeitsaufträge aus unterschied-lichen Aktivitätsfeldern vorgestellt:

Aktivitätsfeld: *Forschen* (Taschner, 2000, S. 43–48)

Material		
	vorhanden (Kopiervorlagen)	bereitzustellen
Tierspuren	Angebotskarte Spielplan „Tieren auf der Spur" „Spurensicherung" Blatt 1, Blatt 2 und Lösungsblatt	Lupe, Bücherauswahl zum Themen-bereich „Tiere – Tierspuren" (→ Tipps), leere Karteikarten, Karteikasten, Schere, Klebstoff, Stifte
Hieroglyphen	Angebotskarte Hieroglyphen-Tabelle Papyrus-Rolle „Namens-Kartusche" (Informationsblatt) „Kartusche" (Blatt zum Beschreiben) Hieroglyphen-Spiel	Korb (Behälter im Alten Ägypten) gefüllt mit Materialien zum selbst-ständigen Erforschen der Hiero-glyphen: Hieroglyphen-Tabelle (mehrmals kopieren und mit Folie überziehen), „Papyrus-Rolle" (eingerollt), Informationsblatt „Namens-Kar-tusche" (laminiert), kopierte Blätter „Kartusche", schwarze und rote Stifte, Hieroglyphen-Spiel (nach Beschreibung herstellen); diverse Literatur zum Thema (→Tipps); Stifte und Papier
Lebensspuren	Angebotskarte Fragenkatalog „Lebens-spuren"	Papier (DIN A3, besser noch größe-res Format), Stifte, evtl. Schere und Klebstoff

99

Den Tieren auf der Spur

Als Forscher kannst du mit einem Spiel den Tieren auf der Spur sein:

1. Leg dir dazu den großen Spielplan zurecht und nimm die Lupe.

2. Suche als Startpunkt einen eingerahmten Fußabdruck [ᴪ] und folge den Spuren solange, bis du das dazugehörige Tier findest.

3. Welche Fußabdrücke gehören zu welchen Tieren? Merke dir ihre Namen!

Viel Spaß als Spurenforscher!

Ein Forscher möchte seine Forschungserkenntnisse festhalten und vertiefen. Du hast verschiedene Möglichkeiten:

Schreibe, zeichne, skizziere, ...deine Forschungsergebnisse auf. Du kannst eigene Ideen entwickeln, wie du deine Nachforschungen festhalten möchtest.

Gestalte das Blatt „Spurensicherung". Die nötigen Informationen dazu findest du auf Blatt 1 und Blatt 2.

Lege eine Forschungskartei an. Hole aus den bereitgestellten Büchern Informationen zu:
– den gesuchten Tieren (Name, Aussehen, Lebensraum, ...)
– anderen Spuren, die Tiere hinterlassen können (Fraßspuren, ...)
– allen interessanten Entdeckungen, auf die du im Rahmen deiner Nachforschungen stößt

Halte deine Ergebnisse und Erkenntnisse auf Karteikarten fest.

Forschungskartei

Ihr könnt alle hergestellten Forschungskarteikarten in einem großen Tierspuren-Karteikasten sammeln, den ihr in der Klasse aufstellt und im Laufe des Jahres erweitert.

Eine Wiese unter der Lupe

Nimm doch mal eine Wiese unter die Lupe!
Wenn du einmal Gelegenheit hast, dann leg dich flach auf eine Wiese und schau sie dir – am besten mit einer Lupe – aus diesem Blickwinkel genauer an. Du wirst erstaunt sein, was du hier alles entdeckst!

Spurensicherung (Blatt 1)

Mein Name: _____

Ordne die Spuren und Tiere den Fußabdrücken zu:

Schneide die Spuren und Tiere vom Blatt 2 aus und klebe sie zum passenden Fußabdruck.

Dann schreibe die Namen der Tiere unter die jeweiligen Spuren. Wenn du Schwierigkeiten dabei hast, dann schau auf den Spielplan!

Fußabdruck	Spuren	Tier

Spurensicherung (Lösungen)

Hier kannst du vergleichen!

Fußabdruck	Spuren	Tier
	KOLKRABE	
	DACHS	
	ROTHIRSCH	
	EICHHÖRNCHEN	
	HASE	

Aktivitätsfeld: *Schreiben* (a.a.O., S. 69–86)

	Material	
	vorhanden (Kopiervorlagen)	bereitzustellen
Steckbrief	Angebotskarte 3 Steckbriefmuster	Pinnwand/Stelltafel (auf der die Steckbriefmuster aufgehängt werden können); Materialien der Steckbriefe (je nach Aushang): Papier in verschiedenen Farben und Formaten, Stifte, Schreibmaschine, Druckbuchstaben und Stempelkissen, Zeitschriften und Zeitungen, Schere und Klebstoff, Feder, Federhalter und Tinte
Geheimweg	Angebotskarte 2 Geheimwegmuster	Papier, Stifte
Geheimschrift	Angebotskarte	Papier, Stifte
Kalligraf	Angebotskarte Gedichte zum Thema „Spuren und Wege" Karte „Federkiel herstellen"	Material zur Kalligrafie: Bücher, Verse fürs Poesiealbum, Gedichte und Lebensweisheiten aller Art, ... (→ Tipps); Federhalter und Federn unterschiedlicher Breite und Form; verschiedenfarbige Tinte; Papier unterschiedlicher Qualität, Farbe und Form; Gänse-, Möwen- oder Raubvogelfedern (Fundort: Park, Bauernhof usw.), scharfes Messer (evtl. Wundpflaster!), Schneidebrett
Zaubertinte	Angebotskarte	Zitronenhälften, Zitronenpresse, kleines Sieb und kleines Glas; handelsübliche Federhalter und Federn unterschiedlicher Breite und Form, weißes Papier; Bügeleisen und Unterlage
Schriftsteller	Angebotskarte 4 Karten mit Satzanfängen + Bildkarten	Schachtel mit der Aufschrift „Schriftsteller"(in die die Karten mit Satzanfängen und Bildkarten sowie die noch zu besorgenden Gegenstände, wie roter Luftballon, kleines Spielzeugauto gelegt werden);

Mit Zaubertinte schreiben

Wenn keiner sehen soll, was du gerade schreibst, dann musst du Zaubertinte verwenden!

Zaubertinte kannst du leicht selbst herstellen:

1. Presse die Hälfte einer Zitrone mit einer Zitronenpresse aus.

2. Gieße den Saft durch ein Sieb in ein kleines Glas.

Fertig!

Wenn du unsichtbar schreiben möchtest, dann schreibe mit dem Zitronensaft auf weißem Papier.
Die Schrift wird wieder sichtbar, wenn das Papier vorsichtig mit einem Bügeleisen (niedrigste Temperatur!) erhitzt wird!
Hokus-Pokus! Simsalabim!

Du kannst mit der Zaubertinte zum Beispiel eine geheime Botschaft, einen Liebesbrief oder ein Geheimnis auf Papier bringen – so kann es nur der gewünschte Empfänger lesen.
Aber Achtung: Du musst ihm natürlich auch verraten, wie die Schrift sichtbar wird.

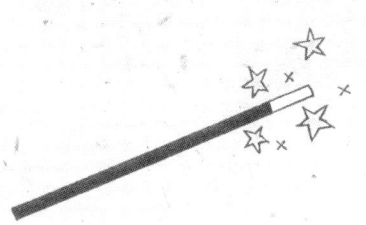

Geheimweg

 Schau dir einen Geheimweg an, der als Muster ausliegt:
Du siehst eine Zeichnung und einen langen, langen Satz. Wohin führt der Geheimweg?

Hast du auch einen geheimen Platz, ein Geheimversteck oder einen Lieblingsort, zu dem niemand den Weg kennt? Überlege!

Du hast eine Idee?
Dann beschreibe diesen Weg mit einem langen Satz und zeichne, zum Weg passend, ein Bild.

Vorsicht: Wenn du dein wirkliches Geheimversteck nicht verraten möchtest, dann kannst du uns ja in die Irre führen und einen Weg beschreiben, der irgendwo anders hin führt!

Mein Geheimplatz

 Was ist so geheimnisvoll an deinem Versteck?
Warum hast du dir gerade diesen Geheimplatz ausgesucht?

Schreibe eine Geschichte dazu oder erzähle ein Erlebnis darüber!

105

Aktivitätsfeld: *Ideen-Basar* (a.a.O., S. 133)

Bewegungslandschaft überwinden: *Hindernisbahnen mit unterschiedlichen Bewegungs- und Spielschwerpunkten überqueren*

Aufbau einer Bewegungslandschaft z. B. in der Sporthalle: Gerätearrangements unterschiedlicher Zielsetzung aufbauen und mit Namen belegen, die an Landschaften oder Landschaftselemente erinnern; z. B. Bewegungslandschaft „Weg durch den Dschungel"

1. Hindernis „Affenschaukel": auf zwei Längsbänken (eine umgedreht, die andere im rechten Winkel darüber gelegt) schaukeln

2. Hindernis „Geheimtunnel": Kriechtunnel (im Handel erhältlich) durchkriechen

3. Hindernis „Hängebrücke": Reck in Kopfhöhe hangelnd überwinden

4. Hindernis „Kokosnusswerfen": Zielwerfen (Korb, Kastenteil) mit Bällen

5. Hindernis „Flussüberquerung": Stangen oder Seile als Lianen helfen, einen Fluss (Matten darunter gelegt) zu überqueren

usw.

Anmerkungen:

Der Vorbereitungsaufwand ist hoch, deshalb pro Unterrichtsstunde höchstens vier, im Rahmen eines Tagesprojekts höchstens sechs Hindernisse aufbauen! Die Hindernisbahnen können auch aus Kleingeräten zusammengestellt werden, z. B. „Baumstumpfspringen" von Reifen zu Reifen oder „Balancieren" auf gewendeter Langbank oder Seilen. Alle Aufgaben müssen so gestaltet sein, dass zur Überwindung weder Sicherung noch Hilfe notwendig sind!

3) Der Verlauf (a.a.O., S. 20–22)

Der Verlauf des Werkstatt-Tags lässt sich am Verlaufsprotokoll nachvollziehen, das die Studierenden und ihre Dozentin angefertigt haben:

Zeitrahmen: 8.00–12.00 Uhr
(Abkürzungen: S = Schüler/L = Lehrer)

106

Verlaufsphase	Methodisch-didaktische Hinweise	Materialien
Freies Umschauen und Einstimmungsspiel Dauer: 25 Minuten	Erste Kontakte mit dem Spuren- und Wege-Materialangebot: Freies Umschauen und „beschnüffeln" Einstimmungsspiel zum Thema „Spuren und Wege": z. B. Bewegungsspiel oder kurzes Brainstorming zum Thema mit Plakatgestaltung	Aufgebaute Werkstatt-Angebote (Angebotskarten und Materialien übersichtlich-ästhetisch gruppiert); Materialien für Spiel je nach Bedarf
Einführung in die Werkstatt-Methode Dauer: 30 Minuten	Assoziationen zu einer Impulsfrage: Im Sitzkreis sollen S/S zur Frage „Was stellt ihr euch unter Werkstatt-Lernen vor?" Stellung nehmen	
	Erste Bekanntschaft mit einer Angebotskarte: Exemplarisches Erklären einer Angebotskarte (Name, Symbole, Aufgaben) durch den L.; Hinweise geben, dass die zur Bearbeitung der spezifischen Angebote notwendigen Materialien mit jeweils entsprechenden Symbolen versehen sind	Angebotskarte
	Rundgang durch das Angebotsspektrum: S/S werden vom L (gruppenweise, wenn mehrere L/L anwesend sind) zu den einzelnen Standorten der Lernangebote geführt; exemplarisches Hinweisen auf die jeweilige Angebotskarte, die von den S/S immer als Erstes in die Hand genommen werden muss, auf das Symbolsystem (d. h. Angebot und alle dazugehörigen Materialien sind mit dem gleichen Symbol gekennzeichnet), . . .	

Verlaufsphase	Methodisch-didaktische Hinweise	Materialien
	Einführen in die Werkstatt-Arbeitsmethode: Im Sitzkreis bespricht der L mit den S/S:	
	– Bearbeitungszeit der Angebote ist frei und eigenverantwortlich	
	– Bearbeitung wenn möglich ohne Hilfe durch den L, S/S-Hilfen begrüßenswert	
	– Zweck des Dokumentations- und Reflexionsmittels erläutern	
	Sozialformen frei wählen bzw. Hinweise geben, wann und wo eventuell zwingend alleine oder im Team gearbeitet werden soll	
	– Verhaltens- und Arbeitsregeln beachten	
	– Pausen nach Belieben (Brotzeit, Ruhephasen) an vereinbarten Orten	
	Besprechen von Verhaltens- und Arbeitsregeln: Notwendige Regeln werden auf einzelnen Papierstreifen oder einem Plakat festgehalten und für alle sichtbar im Raum angebracht, z. B.: Helft einander! Störe niemanden! Das Glockensignal bedeutet: Leise sein! Pro Angebot arbeiten maximal 4 Leute! Gehe sparsam mit den Materialien um! Verlasse deinen Platz so, wie du ihn vorgefunden hast! Lege die fertigen Arbeiten mit deinem Namen versehen in/auf . . . (Ablageplatz vereinbaren!)	

Verlaufsphase	Methodisch-didaktische Hinweise	Materialien
	Aushändigen des Dokumenta-tions- und Reflexionsmittels S/S sollen ihre Arbeiten doku-mentieren, d. h. die bearbeiteten Angebote festhalten (Womit habe ich mich beschäftigt?) und eine persönliche Stellung dazu abgeben (Wie hat es mir gefallen, was habe ich dabei ge-lernt, . . .?"), und ihre Aufzeichnungen als Hilfsmittel für das Gespräch der anschließenden Reflexionsrunde verwenden; Verhaltens- und Arbeitsregeln vervollständigen durch den Merksatz „Denke nach jeder fertigen Arbeit an dein Werkstatt-Tagebuch!"	Dokumentations- und Reflexionsmittel in Schüleranzahl
Arbeitsphase Dauer: 2 ½ Stunden	Freie Arbeit mit den aufge-bauten Materialangeboten: Ende der Arbeitsphase wird mit Glockenton und Hinweis des L „Begonnene Arbeit bitte fertig machen, aufräumen und sich mit den Arbeitsergebnissen ab-schließend im Sitzkreis ver-sammeln!" eingeläutet	aufgebaute Angebote
Sammlung und Reflexion Dauer: 20 Minuten	Meinungsaustausch innerhalb der Reflexionsrunde: Im Sitzkreis sollen sich die S/S mithilfe ihrer Aufzeichnungen im Werkstatt-Tagebuch zu ihren Erfahrungen während der Freien Arbeit äußern z. B. 1. „. . . hat mir besonders gut gefallen, weil . . ." 2. Mich hat gestört dass . . ."; L hält dabei die Erfahrungs-ergebnisse der S/S fest	je einen Papierstreifen mit „. . . hat mir besonders gut gefallen, weil , , ." und „Mich hat gestört, dass . . .";

Verlaufsphasen	Methodisch-didaktische Hinweise	Materialien
	Präsentation von Arbeitsergebnissen: Arbeiten der S/S werden exemplarisch von diesen präsentiert, z. B. liest ein S seine Geschichte des Angebots „Schriftsteller" vor oder S/S stellen gemeinsam ihre Archäologie-Ausgrabungsfunde vor	exemplarische Arbeitsergebnisse
Gemeinsamer Abschluss Dauer: 15 Minuten	Ausklang mittels Geschichte, Fantasiereise, Spiel o. Ä., die/das im Zusammenhang mit dem Themenkreis „Spuren und Wege" steht	Geschichte, Fantasiereise, Spiel o. Ä. nach Wahl samt dazu benötigtem Material

Die *Reflexionsphase* erbrachte an positiven Rückmeldungen auf Lehrerseite, dass die Schüler/Schülerinnen intensiv, konzentriert, fantasiereich und engagiert gearbeitet haben, dass sie keine Schwierigkeiten beim Verstehen der Arbeitsaufträge und beim Ausführen der Aufgaben hatten. Gestört hat die beobachtenden Lehrkräfte/Studierenden, dass einzelne Schüler „durch das Lernangebot gehetzt sind" und deshalb manchmal oberflächlich gearbeitet haben, sowie dass es Probleme beim Aufräumen und Saubermachen gab. Den Schülerinnen und Schülern hat die Freiheit der Auswahl einer so großen Zahl von verschiedenen Aufgaben, die mit allen möglichen Sinnen und höchst verschiedenen Lernformen zu lösen waren, besonders gefallen; kritisiert haben sie, dass sie bei manchen Lernangeboten länger warten mussten und dass es Konflikte gab, weil alle diese machen wollten (z. B. Labyrinth, Fußpfad, Drucken, Fingerabdrücke) sowie dass es manchmal zu laut war (z. B. beim Hämmern).

1.3 „Erfolgreicher lernen" – eine Zukunftswerkstatt
(in Anlehnung an Jungk/Müllert, 1994, S. 219–233)

Das Lernen wird in der Schule vielfach kritisiert. Sowohl Lehrer als auch Schüler sind unzufrieden mit dessen Ergebnissen und Verlauf. Andererseits wird die derzeitige Gesellschaft als Informations- und Wissensgesellschaft charakterisiert, sind lebenslanges Lernen oder lebensbegleitendes Lernen entscheidende Voraussetzungen für beruflichen und alltagsweltlichen Erfolg. Das wissen auch die Schüler, wenngleich sie aus dieser Tatsache offenbar keine Rückschlüsse auf ihr Engagement für das Lernen in der Schule ziehen. Aus diesem Grunde wurde an einem Gymnasium den Schülerinnen und Schülern der Klassen 11–13 eine

Zukunftswerkstatt „Erfolgreiches Lernen" angeboten, die an einem Wochenende im nahegelegenen Schullandheim organisiert wurde.

Werkstattentstehung

– Schüler haben Probleme mit dem Lernen, der Nachhilfemarkt boomt, die
  Abiturnote ist entscheidend für zugangsbeschränkte Studienfächer usw.

– Zielgruppenfindung bei: Oberstufenschülern, Lehrern/Lehrerinnen, Schul-
  psychologen

1) Vorbereitungsphase

Zur Vorbereitungsphase gehören:

(a) *Vorbereitende Tätigkeit*

– Werkstattankündigung in der Schule
  Thema, Problem-Kurzdarstellung und Hintergrundinformationen
  Ort (Schullandheim), Anfangszeit und Dauer der Werkstatt
  (Fr. 15.00 Uhr – Sa. 18.00 Uhr)
  Kostenbeteiligung der Teilnehmer: 25,00 € (Essen und Übernachtung)

– Organisatorische Vorarbeiten
  Räume ohne feste Bestuhlung und Wandflächen, Tafeln, Flipcharts, Video-
  anlagen, Overheadprojektor, Computer mit Beamer usw.

– Erholungsmöglichkeiten
  Sorge tragen für Getränke und sonstige Verpflegung
  Ausruhmöglichkeiten, Gesprächsecken, Musik, Spielgelegenheiten

– Materialien
  große Papierbogen (Packpapier à 1,30 m x 1,50 m) oder Druckpapierrollen –
  insgesamt 20–30 m²
  Schreibmaschinenblätter (DIN-A4-Blätter), die auch bunt sein können
  100–200 Blatt,
  breitschreibende Filzstifte oder -maler in verschiedenen Farben – mindestens
  so viel Stück wie Teilnehmer
  Klebeband zum Befestigen der Papierbogen, z. B. Tesakrepp (zwei Rollen)
  Kreide, wenn Tafeln vorhanden sind
  Overheadfolien
  Disketten für Computer

(b) *die Eröffnung*

– Zum Werkstattthema Fachliteratur bereitstellen und einen oder zwei Experten einladen

- Einführung in das Thema (Problem) der Werkstatt – „Erfolgreicher lernen",
Begründung des Themas mit Sitzenbleiberzahlen und Durchfallquoten beim
Abitur, Nachhilfeangeboten und Kosten für nachschulisches Lernen
- Einstimmung in die Werkstattarbeit
Erklären der Vorgehensweise einer Zukunftswerkstatt, der Phasen und Ziele
Arbeitstechniken beschreiben, besonders, dass alles visualisiert, d. h. in
Stichworten auf den Papierbogen festgehalten werden soll
bei großer Teilnehmerzahl Teilung der Gruppen in solche mit 15–20 Personen
- die einzelnen Phasen während der Erklärung der Arbeitsweise aufschreiben,
dann zusammen mit den Teilnehmern die Arbeitszeiten dazuschreiben und
einen vorläufigen Stundenplan entwerfen
- Teilnehmer stellen sich kurz vor und nennen ihr Teilnahmeinteresse und ihr
Tätigkeitsfeld

2) Kritikphase

Die Kritikphase verläuft in den folgenden Schritten

(a) *Benennung des Problems:* „Lernen in der Schule ist uneffektiv" – in großer
Schrift anschreiben

(b) Sammeln von *Kritikstichworten* zum Problem auf Zuruf und Mitschreiben
auf Papierbogen/Flipchart
Frage: Was missfällt uns, was haben wir zu kritisieren am schulischen
Lernen?
Kritikauswahl: Stichworte finden, die am meisten interessieren, z. B. durch
Punktvergabe seitens der Teilnehmer
Frage: Welche Stichworte sind für uns am wichtigsten, welche wollen wir
weiterbehandeln?
Beispielantworten: „langweiliger Unterricht", „hat mit dem wirklichen
Leben nichts zu tun", „kann man für nichts brauchen", „Lehrer sind
schlecht vorbereitet", „Lehrer können nicht erklären", „alles nur abstrakt",
„als Schüler kannst du nichts beitragen", „man lernt nur, um abgefragt zu
werden"...
Verständnisdiskussion: Durch Beispiele klären, was sich hinter den ausge-
wählten Stichworten verbirgt
Frage: Welche konkreten Beispiele fallen uns ein, um die einzelnen Stichworte zu belegen, um ein gemeinsames Verständnis von ihnen zu erlangen?
Die Auswahl unter Oberbegriffen zusammenfassen, *Kritikthemenkreise*
finden, ggf. in Kleingruppen Kritikaussagen erarbeiten
Frage: Was sagen uns die Stichworte, wie ordnen wir sie einem Themenkreis

zu, wie würden wir sie zu einer Aussage zusammenziehen?
Durch Abstimmung eine Auswahl treffen – *Themenkreisauswahl* bzw. Auswahl der Kritikaussagen
Frage: Welche Kritikthemenkreise oder Kritikaussagen interessieren uns, welche möchten wir lösen und weiterverfolgen?
Beispielantworten: „Lehrerverhalten im Unterricht“, „Mitbeteiligung der Schüler bei der Planung und Gestaltung des Unterrichts“, „keine Hausaufgaben sondern Übungsphasen in der Stunde“ . . .

3) Fantasiephase

In der Fantasiephase, mit der in der Regel der zweite Tag beginnt, suchen die Teilnehmer auf kreative Weise nach Möglichkeiten, die Themenkreisauswahl zu realisieren. Dabei wird wie folgt vorgegangen:

(a)   Die positiv umformulierten Stichworte der Kritikthemenkreise bzw. der Kritikaussagen werden groß angeschrieben – als *Zielbestimmung*

(b)   *Fantasieatmosphäre* schaffen durch Spiele, die die Kreativität anregen
Frage: Wer kennt ein Spiel, das Spaß macht, die Fantasie anregt und keine Konkurrenz fördert?

(c)   *Brainstorming, Ideensammlung zur Zielsetzung* – wobei alle Einfälle angeschrieben werden
Frage: Wie wünschen, erträumen wir uns eine Lösung oder Veränderung, wie sieht unser Ideal von erfolgreichem Lernen in der Schule aus?
Beispielantworten: „offene Schule ohne feste Zeiten mit vielfältigen Lernangeboten“, „Projekte durchführen“, „Praktika machen und anschließend auswerten“, „zu Hause am Computer lernen und mit der Schule/den Lehrern über Internet zusammenarbeiten“, „mehr Gruppenarbeit,“ „jeder lernt, was ihn interessiert“ . . .
Fantasieauswahl: Stichworte, die am meisten interessieren durch Punktvergabe herausfinden
Frage: Welche Ideen sind für uns am wichtigsten, welche wollen wir uns genauer anschauen

(d)   Die Auswahl zusammenfassen unter Oberbegriffen, *Fantasiethemenkreise* finden, ggf. in Kleingruppen, „utopische Entwürfe“ erarbeiten
Frage: Was sagen uns die Fantasiestichworte, wie ordnen wir sie Themenkreisen zu, wie würden wir uns einen utopischen Entwurf ausmalen
Utopische Entwürfe bzw. Fantasiethemenkreise vorstellen und die *faszinierenden Ideen* festhalten

Fragen: Was ist für uns neu, faszinierend, originell an den Ideen, Erfindungen, Fantasien in den Entwürfen?

4) Verwirklichungsphase

Einen Schritt in Richtung auf Innovationen in der Schule macht dann die Verwirklichungsphase. Sie gliedert sich in

(a) Aufhängen und inhaltliches *Vorstellen* der auf Papier oder Diskette zusammengefassten *Fantasieergebnisse* mit anschließender Verständnisdiskussion und Ergänzung durch zusätzliche Ideen
Frage: Was sagt die Gesamtgruppe zu den Ergebnissen, welche Ergänzungen oder Anmerkungen sind zu machen?

(b) *Ideenauswahl:* Vorschläge und Einfälle, die am meisten interessieren durch Punktvergabe gewichten
Frage: Welche Ideen sind besonders interessant und wert, weiterverfolgt zu werden, welche sollten wir aufgreifen?

(c) *Experten und Literatur* einbeziehen
Frage: Was halten Sie von den Wünschen, Utopien und Innovationsideen?
Frage: Was steht dazu in der einschlägigen Fachliteratur?
Beispielantwort: „in freien und alternativen Schulen"

(d) Sich für eine oder mehrere Ideen entscheiden und dazu einen *Forderungskatalog* aufstellen
Frage: Welche Forderungen müssen wir aufstellen, damit unsere ausgewählte Idee eine Chance erhält, wo muss dabei angesetzt werden?
Beispielantwort: „Lehrer müssen sich zusammensetzen und überlegen, welche fächerübergreifenden Lernmöglichkeiten es gibt", „Schüler schlagen Projektthemen ihrer Wahl vor" . . .

(e) Eine Forderung herausgreifen und für sie einen ersten *Projektumriss* entwickeln
Frage: Was wollen wir konkret tun? Wie wollen wir es anfangen? Wer kann uns dabei unterstützen? Wo soll das Projekt entstehen? Wann beginnen wir?

(f) Erste Schritte der Verwirklichung diskutieren, z. B. wie man sich sachkundig macht, ob Arbeitsgruppen gebildet werden sollen, feste Trefftermine notwendig sind: einen vorläufigen *Verwirklichungsplan* aufstellen
Frage: Wie und wo fangen wir an, welche ersten Verwirklichungsschritte sind zu unternehmen?

5) Nachbereitungsphase

Die Möglichkeiten, unmittelbaren Einfluss auf die spezifische Situation des Lernens an der einzelnen Schule zu nehmen, sind bei der Zukunftswerkstatt gering. Ihr geht es mehr um die Bewusstseinsbildung. Deshalb verfolgt die Nachbereitungsphase auch eher werkstattinterne Aspekte.

(a) Gemeinsames Erstellen eines Protokolls der Werkstatt/einer Werkstattdokumentation in Kleingruppen, Einigung über das *Protokoll,* Verteilen an alle Teilnehmer

(b) *Feed-back* über die Zweitagewerkstatt
     – Themenbearbeitung
     – Moderator
     – Organisation
     – Ergebnisse

(c) Konkretisierung der *Schritte zur Verwirklichung* der Entwürfe in der konkreten Praxis
     Frage: Was wollen wir genau verändern? Was müssen wir dazu klären und wissen? Wie wollen wir damit anfangen? Welche Schritte müssen im Einzelnen getan werden? Wie können wir den Erfolg messen/überprüfen?

(d) Initiative zu einer weiteren Werkstatt, auf der die Projektergebnisse präsentiert werden und neue Ideen produziert werden.

2. Lern- und Arbeitsformen im Werkstattunterricht

2.1 Experimentieren

1) Begriff

Das Experiment wird im allgemeinen Sprachgebrauch oft auch als Versuch bezeichnet. Dabei wird in dem Wort „versuchen" die Variation der Ausgangsbedingungen deutlich, die das Experiment von der reinen Beobachtung oder Untersuchung abgrenzt. Von Francis Bacon als strenge wissenschaftliche Methode eingeführt, gehört das Experiment heute zum festen Bestandteil vor allem naturwissenschaftlicher Forschung.

Beim Experiment werden umfangreiche Phänomene und Prozesse durch gezielte Eingriffe in die Ablaufbedingungen systematisch variiert und kombiniert. Die Tatsache, dass nur einzelne Faktoren verändert werden, erlaubt Einblicke in interne Strukturen und Zusammenhänge von komplexen Ereignissen.

Die Variation der Bedingungen sollte planmäßig und nicht in allzu großer Zahl erfolgen, damit zum einen die Veränderung in den Ergebnissen sichtbar wird, zum anderen die Bedeutung der einzelnen Faktoren für den komplexen Ablauf des Gesamtsystems transparent bleibt.

Für das Experiment lassen sich wichtige Strukturmerkmale festlegen:

– Künstlichkeit: ein Experiment findet immer unter künstlichen und absichtsvoll gestalteten Bedingungen statt

– Variation: eine bestimmte Anzahl an Ausgangsbedingungen wird systematisch verändert und variiert

– Isolation: die zu variierenden Faktoren müssen aus dem Gesamtsystem herausgetrennt und isoliert werden

– Wiederholbarkeit: alle ablaufenden Vorgänge, die beim Experiment eine Rolle spielen, müssen jederzeit wiederholbar sein.

2) Formen des Experiments

Ein Experiment kann

– vom Lehrer alleine durchgeführt werden (Demonstrationsversuch)

– von einzelnen Schülern oder Schülergruppen durchgeführt werden (Schülerversuch).

116

Demonstrationsversuche werden häufig dann eingesetzt, wenn das Experiment einen hohen Zeitaufwand erfordert, teure und komplizierte Geräte eingesetzt werden müssen oder eine hohe Unfallgefahr besteht.

Schülerversuche hingegen bieten eine Fülle an Anregungen für die durchführenden Schüler und zeichnen sich durch einen hohen Motivationscharakter aus.

Je nach Stellung des Experiments im Unterrichtsverlauf, lassen sich verschiedene Typen unterscheiden:

– einführendes Experiment: eignet sich besonders dazu, den Einstieg in eine neue Thematik zu finden. Die Schüler sollen durch das Experiment auf bestimmte Phänomene aufmerksam gemacht werden. Der hohe Motivationsgrad des Experiments soll zu einer eigenständigen Fragehaltung der Schüler anregen und weitergehende Arbeiten und Versuche anstoßen.

– entdeckendes Experiment: eignet sich besonders dazu, aufgeworfene Fragen und Probleme weiterzuverfolgen und sich einer Lösung selbsttätig anzunähern. Die Schüler versuchen, durch das Experiment ihre selbst formulierten Fragen und Hypothesen schrittweise und systematisch aufzuklären bzw. Widersprüche aufzudecken.

– bestätigendes Experiment: eignet sich besonders dazu, bekannte Sachverhalte zu vertiefen. Die Schüler sollen durch das Experiment neu gelernte Sachverhalte und Zusammenhänge bestätigen und festigen.

Die nachfolgende Tabelle stellt noch einmal die unterschiedlichen Aufgaben und didaktischen Orte von Experimenten zusammen:

	einführendes Experiment	entdeckendes Experiment	bestätigendes Experiment
Einsatz	Zu Beginn einer Unterrichtsstunde oder Unterrichtseinheit	In der Erarbeitungsphase	Am Ende einer Unterrichtsstunde oder Unterrichtseinheit
Aufgaben	Hinführung zu Problemen; Aufbau von Motivation	Aufklärung von Fragestellungen; Aufrechterhaltung der Motivation	Bestätigung naheliegender Vermutungen

Form des Experiments	Meist Demonstrations-experiment (den meisten Schülern ist das Ergebnis unbekannt)	Meist Schülerexperiment (den meisten Schülern ist das Ergebnis unbe-kannt)	Meist Schülerexperiment (den meisten Schülern ist das Ergebnis bekannt)
Bedeutung	Ausgangspunkt für weitere Arbeit	Aufklären eines unbekannten Sachverhalts	Bestätigung von Annahmen

3) Bedeutung des Experiments für den Lernprozess

Für die Vorbereitung, Durchführung und Auswertung von Experimenten müssen die Schüler über eine Fülle von Arbeitsweisen verfügen, die eng mit dem Experiment verbunden sind. So muss im Vorfeld die Ausführung des Experiments exakt geplant und vorbereitet werden. Während der Durchführung ist die Fähigkeit zur genauen Beobachtung notwendig, um sämtliche ablaufenden Phänomene angemessen wahrnehmen zu können. Diese Wahrnehmungen der Schüler müssen anschließend schriftlich oder mündlich fixiert werden. Dazu werden Kompetenzen des Beschreibens, des Protokollierens, der schriftlichen oder mündlichen Wiedergabe des Beobachteten notwendig.

Das Experiment setzt demnach eine Fülle fachspezifischer Arbeitsweisen bei Schülern voraus und fördert und festigt diese systematisch.

Daneben lassen sich weitere Vorteile des Experiments für den Lernprozess von Schülern aufzählen:

– Beim Experiment werden Phänomene ganzheitlich erfasst und dem Schüler präsentiert.

– Durch die Komplexität der Vorgänge werden beim Experiment unterschied-liche fachspezifische Arbeitsweisen gefördert. Der logische Ablauf des Experiments zeigt die unterschiedlichen Arbeitsweisen in ihrer spezifischen Funktion für das Gesamtsystem.

– Durch die Variation isolierter Einzelbereiche beim Experiment lernt der Schüler komplexe Sachverhalte in überschaubare Einzelstrukturen überzu-führen.

– Die systematische Variation beim Experiment übt die Fähigkeit beim Schüler, sich innerhalb komplexer Zusammenhänge auf einzelne Fragestellungen zu konzentrieren.

–   Beim Schülerexperiment wird das aktive und selbsttätige Lernen der Schüler gefördert.

–   Durch den direkten Objektbezug beim Experiment ergibt sich ein hohes Maß an Anschauung für den Unterricht.

–   Durch den hohen Motivationscharakter des Experiments wird die Lernbereitschaft der Schüler positiv beeinflusst.

–   Das Experiment ermöglicht einen Einblick in die Methoden der wissenschaftlichen Erkenntnisgewinnung.

Beim Schüler selbst lassen sich positive Auswirkungen auf den kognitiven, emotionalen und psychomotorischen Bereich beobachten.

–   kognitiver Bereich: durch die Anwendung eines zielgerichteten, konsequenten und planmäßigen Reflektierens, sowie selbstständigen und kreativen Denkens wird der kognitive Bereich der Schüler beim Experiment umfassend geschult. Durch eigene Kopfarbeit erkennen die Schüler die Wirksamkeit von Naturgesetzen und die Möglichkeit des Menschen, die Natur bis zu einem bestimmten Grad zu beherrschen. Neben naturgesetzlichen Zusammenhängen und Einzelerkenntnissen über Objekte erlangen die Schüler Wissen über die Funktionsweise und die Handhabung von Versuchstechniken und Versuchsgeräten.

–   emotionaler Bereich: beim Experimentieren erfahren die Schüler, dass Ausdauer, Zielstrebigkeit, Sorgfalt und Gewissenhaftigkeit Voraussetzungen für eine erfolgreiche Durchführung sind. Da Experimente meist in Partnerarbeit oder Gruppenarbeit erfolgen, werden darüber hinaus soziale Verhaltensweisen gefördert.

–   psychomotorischer Bereich: die Durchführung von Experimenten erfordert die Zusammenstellung und Handhabung von Geräten und Materialien, sowie einen behutsamen Umgang mit Hilfsmitteln. Da für ein erfolgreiches Gelingen eines Experiments zumeist eine große Exaktheit im Umgang mit den Geräten notwendig ist, wird die Feinmotorik der Schüler besonders beansprucht.

4) Methodischer Aufbau des Experiments

Für eine erfolgreiche Durchführung von Schülerexperimenten im Rahmen der Werkstattarbeit müssen folgende Forderungen erfüllt sein:

–   die Problemstellung als Ausgangspunkt für das Experiment muss für alle Schüler sehr klar und eindeutig sein

– die Versuchsanordnung muss in ihrem Aufbau einfach und überschaubar sein

– die Ergebnisse müssen eindeutig und leicht beobachtbar sein.

Das Experiment lässt sich in seinem Ablauf grob in fünf Phasen einteilen, die im Wesentlichen in ihrer Reihenfolge festgelegt sind:

1. Formulieren der relevanten Frage- und Problemstellung. Hierbei werden die Schüler auf die zu klärenden Phänomene eingestimmt, und es wird eine Motivation bezüglich der zu bearbeitenden Sachverhalte aufgebaut.

2. Durchdenken möglicher Abläufe. In einem Gedankenexperiment stellen die Schüler kritische Überlegungen zu einem möglichen Ablauf des Experiments an. Sie antizipieren den Versuchsverlauf und formulieren Hypothesen zu möglichen Ergebnissen.

3. Durchführung des eigentlichen Versuchs. Die Schüler führen den Versuch nach genauen Vorgaben alleine oder in der Gruppe durch.

4. Fixierung aller relevanten Beobachtungen. Die Schüler halten wichtige Beobachtungen schriftlich oder mündlich fest. Skizzen, freie Notizen oder Versuchsprotokolle erleichtern diesen Schritt.

5. Interpretation der Ergebnisse. Die beobachteten Phänomene des Versuches werden gedanklich durchdrungen und zur Ausgangsfragestellung in Beziehung gesetzt. Entscheidungen zur Verifikation und Falsifikation von Hypothesen werden getroffen.

Bei der Durchführung von Experimenten ist in erster Linie auf die Sicherheit der Schüler zu achten. Um möglichen Gefahren vorzubeugen, aber auch um die Möglichkeiten der Experimente sehr gut zu nutzen, ist die Vereinbarung von Regeln erforderlich. Die Wichtigsten davon sind:

– Auf dem Arbeitsplatz sollen nur die für das Experiment notwendigen Dinge bereitliegen.

– Wichtige Regeln oder Hinweise zum Ablauf des Experiments können zur besseren Visualisierung an die Tafel geschrieben oder an die Wand projiziert werden.

– Die ausgeteilten Materialien und Geräte sollen erst dann benutzt werden, wenn der Ablauf des Versuches allen Schülern klar geworden ist.

– Während des Experiments sollen die Schüler konzentriert und ausschließlich an ihrem Platz arbeiten.

5) Beispiele

Während einer Werkstattarbeit zum Thema Brücken sollten die Schüler Versuche zur Statik von Brücken durchführen. Ausgangspunkt der Experimente war die Frage „Wann ist eine Brücke gut gebaut". Mit Hilfe einer Murmelbahn, die auf unterschiedlich hohen Stützen verlaufen sollte, konnten die Schüler durch systematisches Variieren im Experiment herausfinden, wie viele Stützen für einen sicheren Halt unbedingt notwendig sind. Entscheidend hierbei war die Notwendigkeit, sich im Vorfeld genau zu überlegen, an welcher Stelle Stützen entfernt werden können und welchen Einfluss dies auf die Gesamteigenschaften der Bahn hat. Für die Bewältigung der Aufgabe existiert keine eindeutige Lösung, d. h. unterschiedliche Ansätze führen zu mehr oder weniger gelungenen und überzeugenden Ergebnissen.

Die Qualität der im Experiment erarbeiteten Lösungen zeigte sich unmittelbar im praktischen Versuch.

Wann ist eine Brücke gut gebaut?

Hier ist eine Brücke für Murmeln gebaut. Verschieden große Murmeln können darüberlaufen.

Diese Brücke hat aber <u>sehr viele Stützen</u>:

**Versuche, mit möglichst wenig Stützen
den markierten Weg zu überbrücken!**

Dafür kannst du:

- Stützen wegnehmen
- Stützen an einen anderen Platz stellen
- die Stützen Nr. 10, 9, 8 und 6 (wenn nötig) in der Höhe verstellen.

Achtung: Prüfe dabei immer wieder nach, ob die Brücke noch hält, wenn die Murmeln darüberlaufen.

Zur Fixierung der Ergebnisse wurden zwei unterschiedliche Wege gewählt. Die unmittelbaren Experimente der Schüler mit ihren Beobachtungen und Interpretationen wurden in einer offenen Form festgehalten. Die Schüler machten sich selbsttätig Notizen und leiteten daraus ihre Schlüsse ab.

Die Ergebnissicherung wurde auf einem standardisierten Blatt durchgeführt um sicherzustellen, dass der Transfer zum eigentlichen Problemfeld, dem Brückenbau, auch gelingen kann.

Mein Ergebnis:

Wann ist eine Brücke gut gebaut?

1. So sieht meine Brücke aus
   (Zeichne!)

2. Ergänze:

   Die _____ Murmel kann noch darüberlaufen, ohne dass

   meine Brücke zusammenfällt.

   Meine Brücke hat _____ Stützen.

3. Nun überlege noch einmal:

   <u>Wann ist eine Brücke gut gebaut?</u>

Eine Brücke ist dann gut gebaut, wenn sie
• so _____ Gewicht trägt, wie sie tragen soll und <u>gleichzeitig</u>
• _____ Stützen (= Material) verbaut wurden.

Im Rahmen einer Werkstatt zum Thema „Zeit" sollten Schüler in einem Experiment der Frage nachgehen, warum Pendel unterschiedlich schnell schwingen. Da das physikalische Phänomen, das hierbei angesprochen wird, sehr komplex ist, wurde auf eine exakte und stark formalisierte Vorgabe des Experiments geachtet. Die Schüler sollten die Versuche genau nach Vorlage durchführen, da nur so sichergestellt werden konnte, dass die thematisierten Gesetzmäßigkeiten richtig verstanden werden konnten.

Warum schwingen Pendel unterschiedlich schnell?

Vor dir liegen drei unterschiedlich lange Schnüre mit jeweils zwei Schlaufen (rot, blau, grün), drei unterschiedliche Gewichte und ein Stativ mit Haken.

1. Hänge die **blaue** Schnur in den Haken des Stativs ein. Befestige an der unteren Schlaufe das 100 g - Gewicht. Lasse das Pendel von der **Markierung 2** aus schwingen. Messe die Zeit, die vergeht bis es wieder zurück geschwungen ist. Notiere auf deinem Ergebnisblatt!
   Mache den Versuch mit der gleichen Schnur auch mit dem 200 g - Gewicht und dem 300 g - Gewicht. Beachte dabei, dass du das Pendel immer von Markierung 2 los lässt.

2. Hänge nun die rote Schnur in den Haken des Stativs ein. Befestige an der unteren Schlaufe das **100 g - Gewicht**. Lasse das Pendel von der **Markierung 2** aus schwingen. Messe die Zeit wie oben.
   Mache den Versuch mit dem gleichen Gewicht auch mit der blauen und der grünen Schnur.

3. Verwende jetzt die **blaue Schnur** und das **200 g - Gewicht**. Lasse das Pendel von der Markierung 1 aus schwingen und messe die Zeit.
   Mache den Versuch auch, indem du das Pendel von der 2. und 3. Markierung aus schwingen lässt. Messe jeweils die Zeit.

Auch das Formblatt zur Aufzeichnung der Beobachtungen und Reflexion der Ergebnisse wurde wegen der Komplexität der physikalischen Aussagen stark strukturiert.

Mein Ergebnis:

Warum schwingen Pendel unterschiedlich schnell?

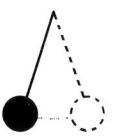

1. Versuch

Ergebnisse: Das Pendel mit dem **100 g – Gewicht** braucht _____ Sekunden.

Das Pendel mit dem **200 g - Gewicht** braucht _____ Sekunden.

Das Pendel mit dem **300 g - Gewicht** braucht _____ Sekunden.

2. Versuch

Ergebnisse: Das Pendel mit der **roten Schnur** braucht _____ Sekunden.

Das Pendel mit der **blauen Schnur** braucht _____ Sekunden.

Das Pendel mit der **grünen Schnur** braucht _____ Sekunden.

3. Versuch

Ergebnisse: Das Pendel braucht von der **1. Markierung** _____ Sekunden.

Das Pendel braucht von der **2. Markierung** _____ Sekunden.

Das Pendel braucht von der **3. Markierung** _____ Sekunden.

Endergebnis:

Betrachte deine Ergebnisse und ergänze dann!

Wie schnell ein Pendel schwingt, ist nicht abhängig von

_____ und _____.

Wie schnell ein Pendel schwingt, ist abhängig von _____

2.2 Vergleichen

1) Begriff

Beim Vergleichen werden zwei oder mehr Objekte, Vorgänge oder Lebewesen einander gegenübergestellt, um Gemeinsamkeiten, Ähnlichkeiten und Unterschiede herausarbeiten zu können.

Man unterscheidet prinzipiell zwei Arten des Vergleichs

– Innergruppen-Vergleich: Vergleich von Objekten innerhalb einer Gruppe (z. B. Vergleich von Säugetieren untereinander); hier fallen besonders die Unterschiede zwischen den einzelnen Objekten ins Auge.

– Zwischengruppen-Vergleich: Vergleich über die Gruppengrenzen hinaus wie z. B. der Vergleich der Säugetiere mit den Vögeln; hier werden die allgemeinen Eigenschaften der Gruppen hervorgehoben.

2) Bedeutung des Vergleichs für den Lernprozess

Der Vergleich ist ein Verfahren, auf das wir im Alltag ständig treffen. Jeder Sinneseindruck wird im Gehirn sofort mit bereits bekannten Mustern und Strukturen verglichen, um in einem Prozess der Enkodierung eingeordnet und bewusst gemacht werden zu können. So beruht die Fähigkeit der Begriffsbildung zum großen Teil auf der Funktionsweise des Vergleichs. Erst im Vergleich von Neuem mit bereits Bekanntem werden Gemeinsamkeiten und Unterschiede von Objekten deutlich, und es entsteht eine allmähliche Vorstellung vom Wesen der Dinge.

Kinder bringen die Fähigkeit zum Vergleichen bereits in die Schule mit. Sollen Begriffe verstanden und dauerhaft behalten werden, so muss das Vergleichen geübt werden. Die Schüler entdecken beim Vergleichen jedoch stärker die Unterschiede als das Gemeinsame von Objekten. Sie müssen also lernen, das Konkrete und Individuelle vom Allgemeinen unterscheiden zu können. Durch gezielte Übung gelingt es allmählich, einen differenzierteren Blick auf die zu vergleichenden Dinge werfen zu können.

Zwischen Beobachten und Vergleichen besteht eine starke Wechselwirkung. Wird die Beobachtungsfähigkeit der Schüler entwickelt, so wächst gleichzeitig die Fähigkeit, sinnvolle Vergleiche anzustellen. Durch das Vergleichen wiederum werden die Schüler zu genauerem Beobachten angeregt.

3) Voraussetzungen für den Vergleich

Möglichkeiten zum Vergleich ergeben sich in jeder Phase des Lernprozesses. Geeignete Objekte oder Vorgänge müssen vom Lehrer vorbereitet und didak-

tisch aufbereitet werden, um eine allmähliche Steigerung der Abstraktionsfähigkeit der Schüler aufzubauen.

Wird der Vergleich im Lernprozess herangezogen, muss der Lehrer einige
wesentliche Gesichtspunkte beachten:

– den Ausgangspunkt des Vergleichs: Eine Fragestellung oder Hypothese muss
  generiert werden, die mit Hilfe eines Vergleichs beantwortet werden kann.
  Ebenso wirksam ist die Feststellung eines auffälligen Kontrastes zwischen
  zwei Gegenständen.

– die Vergleichskategorien: Sie ergeben sich aus den Eigenschaften oder Merkmalen, die miteinander verglichen werden (z. B. Form, Größe, Farbe,
  stoffliche Beschaffenheit). Die Vergleichskriterien können zu Beginn des
  Lernprozesses erarbeitet oder aber auch erst im Laufe des Arbeitens entwickelt werden.

– die Vergleichsobjekte: Sie sind die konkreten Träger der Merkmale, aus denen
  die Vergleichskategorien abgeleitet werden und müssen daher sehr sorgfältig
  ausgewählt werden. Auf der einen Seite sollen sie die zu vergleichenden
  Merkmale deutlich und eindeutig tragen, auf der anderen Seite muss eine zur
  Unnatürlichkeit führende Übertreibung auf alle Fälle vermieden werden.
  Häufig geht man von einem Objekt aus und vergleicht anhand eines zweiten
  Objektes Unterschiede und Ähnlichkeiten.

– das Vergleichsergebnis: Es gibt eine Antwort auf die eingangs gestellte Frage
  oder trägt zur Bestätigung der formulierten Hypothese bei. Das Vergleichsergebnis ergibt sich aus der Zusammenfassung der gesammelten Fakten des
  Vergleichs, die einer abschließenden Bewertung unterzogen wurden.

4) Beispiele

Im Rahmen einer Werkstatt zum Thema „Brücken" sollten Schüler die Funktion von Brücken selbstständig für sich erschließen. Dazu wurde der Vergleich
gewählt.

Anhand einer Schatzkarte, die zusammen mit einer Seeräubergeschichte präsentiert wurde, sollten die Schüler unterschiedliche Wege, mit und ohne
Brücken, vergleichen. Durch eine Gegenüberstellung der Vergleichsergebnisse
konnte die Bedeutung der Brücke als Verkürzung von Wegstrecken erschlossen
werden.

Warum baut man Brücken?

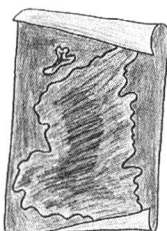

Dies ist das Vermächtnis eines alten Seeräuberhauptmannes an seinen Sohn:

„Hiermit erhältst du die Karte von einer Insel, die mir oft als Zufluchtsort diente. Wie du siehst, gibt es auf der Insel:
- einen Großen Hafen, den unsere Schiffe normalerweise ansteuern
- unsere Räuberburg
- den kleineren Fluchthafen, um Feinde zu verwirren
- etliche kleine Hütten
- und vieles andere mehr.

Vom großen Hafen aus führte ein befestigter Weg zu unserer Räuberburg. Ebenso verlief ein 2. Weg von der Räuberburg zum Fluchthafen. Diese beiden alten Wege sind auf der Karte nicht eingezeichnet.
(Dies sollte mir und meinen Männern Zeit geben, falls die Karte einmal in Feindeshand fallen würde!)

Aber lass dir so viel erklären:
Die Wege führten stets ganz gerade von Hütte zu Hütte.

Und noch etwas:
Damals hatten wir noch keine Möglichkeit, Brücken zu bauen. Daher mussten wir um alle Flüsse, Bäche, Schluchten und so weiter herumgehen."

Nun kennst du die Karte und das Vermächtnis des alten Seeräuberhauptmannes.

Du kannst jetzt folgendes tun:

1. Zeichne den <u>alten</u> Seeräuberweg vom Großen Hafen zur Räuberburg!

    a) <u>Verbinde</u> dazu <u>die Hütten</u> mit dem Lineal!

       z. B.

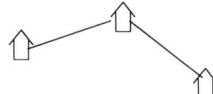

       <u>Denke daran:</u> Der alte Weg führte <u>um alle Flüsse, Bäche, Sümpfe usw. herum</u>, weil man noch keine Brücken bauen konnte.

       z. B.

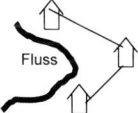

    b) Nun kannst du die Länge des alten Weges messen:
       (Tipp: Mache nach jedem Zentimeter einen Strich! Zähle dann ab!)

       z. B.

   = 6

Der Sohn des alten Seeräuberhauptmannes sucht einen neuen Weg und möchte dabei Brücken bauen. Hilf ihm dabei!

2. Zeichne einen neuen Seeräuberweg vom Großen Hafen zur Räuberburg!
    a) Nun kannt du <u>Brücken</u> über Flüsse, Bäche, Schluchten usw. <u>bauen</u>.

       z. B.

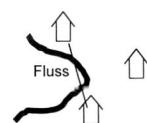

       Aber Achtung:
       Immer noch unüberwindbar bleiben:
       • Sümpfe
       • Moore
       • hohes Gebirge

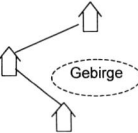

    b) Nun kannst du die Länge des neuen Weges messen!

Mein Ergebnis:

Warum baut man Brücken?

1. a) Der <u>alte</u> Seeräuberweg verlief so:
   z. B. Großer Hafen → 1 → 5 → ... → Fluchthafen

   (Trage hier der Reihe nach die Zahlen der Hütten ein, die deinem alten Weg entsprechen!)

   Großer Hafen → _____

   _____

   b) Dieser alte Weg war _____ km lang.

2. a) Mein <u>neuer</u> Seeräuberweg verläuft so:

   (Trage hier der Reihe nach die Zahlen der Hütten ein, die deinem neuen Weg entsprechen!)

   Großer Hafen → _____

   _____

   b) Dieser neue Weg ist _____ km lang.

4. Nun überlege noch einmal:

   <u>Warum baut man Brücken?</u>

Brücken machen Wege _____, weil_____ _____

Im Rahmen einer Werkstatt zum Thema „Zeit" sollten die Schüler unterschiedliche Vorgänge hinsichtlich ihrer Dauer vergleichen und so dabei ein Zeitgefühl entwickeln. Der Schätzung der Schüler wurde eine exakte Messung gegenübergestellt.

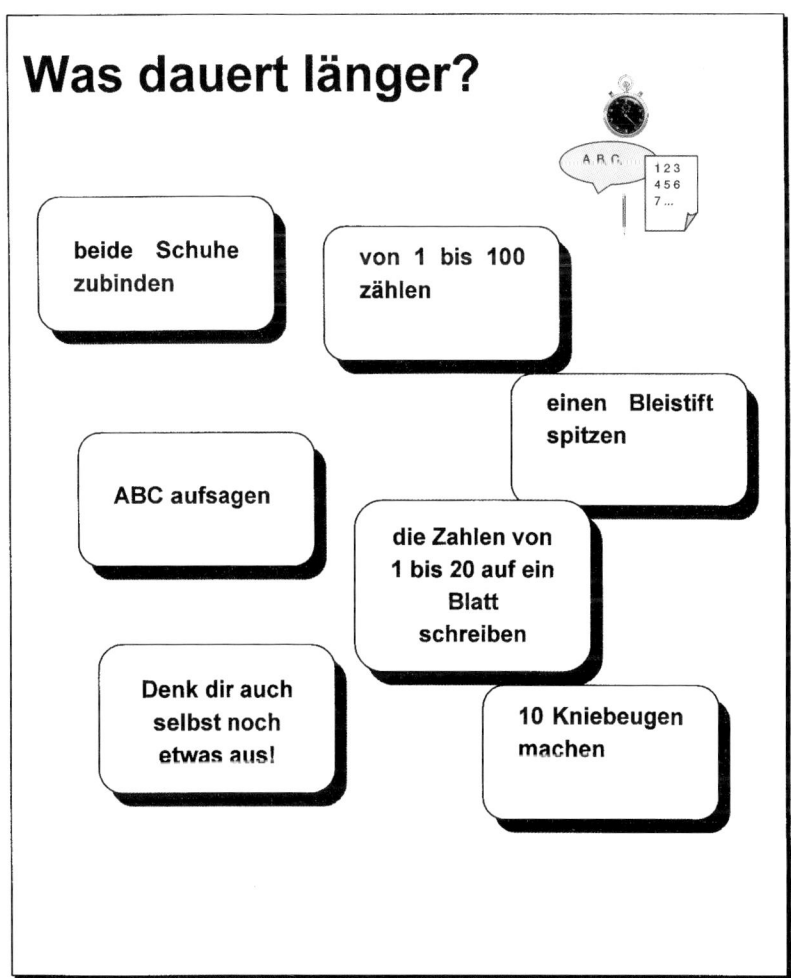

Mein Ergebnis:

Was dauert länger?

A, B, C, ...

1 2 3
4 5 6
7 ...

Suche dir ein anderes Kind. Prüfe mit der Stoppuhr wie lange du brauchst.
Schätze zuerst!

Ergebnisse:

Tätigkeit	Zeit geschätzt	Zeit gemessen
beide Schuhe zubinden		
von 1 bis 100 zählen		
ABC aufsagen		
einen Bleistift spitzen		
die Zahlen von 1 bis 20 auf ein Blatt schreiben		
10 Kniebeugen machen		

Eigene Ideen:

1) Begriff

Untersuchen als Arbeitsweise zur Erkenntnisgewinnung im Unterricht ist eng mit der Beobachtung verbunden. Mit Hilfe der Beobachtung ermitteln Schüler Eigenschaften und Merkmale von Objekten, räumliche Beziehungen oder zeitliche Abfolgen von komplexeren Vorgängen, ohne dabei grundlegende Veränderungen an den Objekten vorzunehmen. Bei der Untersuchung wird jedoch bewusst an Objekten oder Vorgängen eingegriffen, um Zusammenhänge und Strukturen aufdecken zu können.

Untersuchen kann demnach als Beobachtung mit Hilfsmitteln bezeichnet werden.

Entsprechend der Struktur der zu untersuchenden Objekte können verschiedene Arten von Untersuchungen unterschieden werden:

– Durch die Untersuchung von lebenden Objekten können anatomische Zusammenhänge erkannt werden

– Durch die Untersuchung von Lebensgemeinschaften und Lebensräumen können ökologische Zusammenhänge erkannt und Lebewesen in ihrer Häufigkeit erfasst werden

– Mit Hilfe von Messgeräten können physikalische Merkmale (Größe, Gewicht, Temperatur, Feuchtigkeit, Helligkeit, Lautstärke etc.) erfasst werden.

2) Voraussetzungen für die Untersuchung

Sollen Schüler ihren Lernprozess selbstständig gestalten, müssen sie mit Arbeitstechniken und Arbeitsweisen vertraut gemacht werden, die es ihnen ermöglichen, selbstgesteuert zu arbeiten und Wissen zu konstruieren.

Allzu oft werden im Rahmen von Werkstattarbeit Erwartungen an die Schüler gestellt, die sie aufgrund ihrer bisherigen Lerngeschichte nicht erfüllen können. Deshalb ist es von besonderer Bedeutung, dass Schüler zusammen mit ihrem Lehrer Arbeits- und Lerntechniken einüben und festigen: informative Texte lesen, Lexika benutzen, Hilfsmittel einsetzen, Ergebnisse übersichtlich darstellen, Ergebnisse den Mitschülern präsentieren. Soll eine Untersuchung gelingen, müssen einige Dinge beachtet werden:

– der Arbeitsauftrag zur Untersuchung muss leicht verständlich, eindeutig und überschaubar sein

– das Untersuchungsmaterial muss geeignet sein, den selbsttätigen Umgang für alle Schüler zu ermöglichen. Dabei kann mit zunehmendem Alter der Grad an Komplexität zunehmen.

– die Untersuchung sollte stets durch den zu untersuchenden Gegenstand gelei-
tet werden, d.h. es müssen für jedes spezifische Thema geeignete Untersu-
chungsobjekte vorbereitet werden. Dabei müssen dem Kind genügend Informationen über das Untersuchungsthema zur Verfügung stehen, damit eine
klare Fragestellung bearbeitet werden kann.

– durch gezielte Aufgabenstellungen können Schüler in ihrer Arbeit unterstützt
werden. Mit fortschreitender Übung werden sie immer mehr an der Problemlösung beteiligt.

– die Untersuchung muss den Schülern genügend Zeit und Raum lassen, sich
dem Gegenstand mit allen Sinnen zu nähern. Nur so ist eine sinnvolle Auseinandersetzung möglich.

– im Rahmen der Untersuchung muss eine Möglichkeit gefunden werden, die
Beobachtungen der Schüler festhalten zu können. Dies kann mündlich,
schriftlich oder durch bildnerisches Gestalten erfolgen.

– Schüler müssen selbstständig Erfahrungen machen können und Wege finden,
Materialien genau zu erfassen. Wichtig ist, die Schüler selbstständig arbeiten
zu lassen, sie aber bei Bedarf behutsam in ihrer Arbeit zu unterstützen.

– der Lehrer begleitet die Schüler in ihrer Arbeit als Forscher. Er fördert eine
Arbeitshaltung welche die Weiterentwicklung von Fragestellungen durch die
Schüler zulässt und unterstützt.

– Schüler forschen und entdecken sehr gerne. Sie bringen ihre Lernfreude in die
Schule mit. Daher sollte der Unterricht darauf abzielen, diese Freude zu erhalten.

3) Beispiele

Im Rahmen einer Werkstatt zum Thema „Brücken" wurden den Schülern unterschiedliche Holzmodelle von Brücken präsentiert, die hinsichtlich ihrer Statik
untersucht werden sollten. Um die Untersuchung der unterschiedlichen Brücken
unterstützen zu können, wurde unter der Fragestellung „Warum hat diese
Brücke ein Zick-Zack-Muster?" zu Versuchen angeregt, die eine begriffliche und
inhaltliche Basis als Voraussetzung für eine adäquate Untersuchung der
Brückenmodelle schaffen sollten.

Warum hat diese Brücke ein Zick-Zack-Muster?

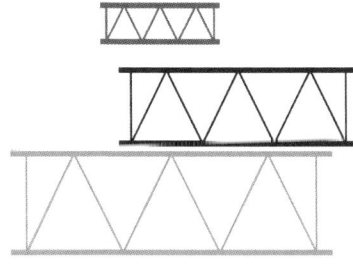

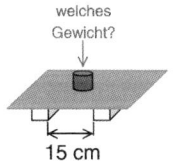

welches
Gewicht?

15 cm

1. Lege <u>1 Blatt Tonpapier</u> auf 2 Holzstücke!
   (Die zwei Holzstücke sollten einen Abstand von ca. 15 cm haben.)

   Prüfe, welches Gewicht das Tonpapier <u>in der Mitte</u> trägt!
   (Schreibe dein Ergebnis auf das Ergebnisblatt!)

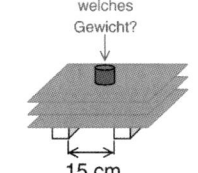

welches
Gewicht?

2. Versuche es nun mit <u>3 Blatt Tonpapier</u>!
   (Notiere das Ergebnis!)

15 cm

3. Falte jetzt 1 Blatt „normales Papier" zu einem Zick-Zack-Muster!

   Welches Gewicht kannst du jetzt auf die Brücke legen?
   (Notiere!)

   welches
   Gewicht?

4. Und was passiert, wenn das Zick-Zack-Muster

   a) größer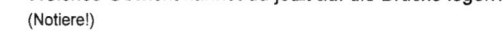

   b) kleiner

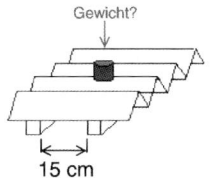

15 cm

   wird?

Mein Ergebnis:
Warum hat diese Brücke ein Zick-Zack-Muster?

1. So viel Gewicht tragen die Papierbrücken:

1 Blatt Tonpapier	3 Blatt Tonpapier	1 Blatt normales Papier im Zick-Zack-Muster	Großes Zick-Zack-Muster	Kleines Zick-Zack-Muster

2. <u>Vergleiche</u> jetzt: Welches Gewicht konnte das Tonpapier tragen? Und welches das gefaltete dünne Papier?

   Dir fällt bestimmt etwas auf! Notiere!

   _____

   _____

   _____

3. Überlege nun noch einmal:

   <u>Warum hat diese Brücke ein Zick-Zack-Muster?</u>

   _____

   _____

   _____

Während einer Werkstatt zum Thema Zeit wurden Schüler angeregt, Untersuchungen zu verschiedenen Körperfunktionen vorzunehmen.

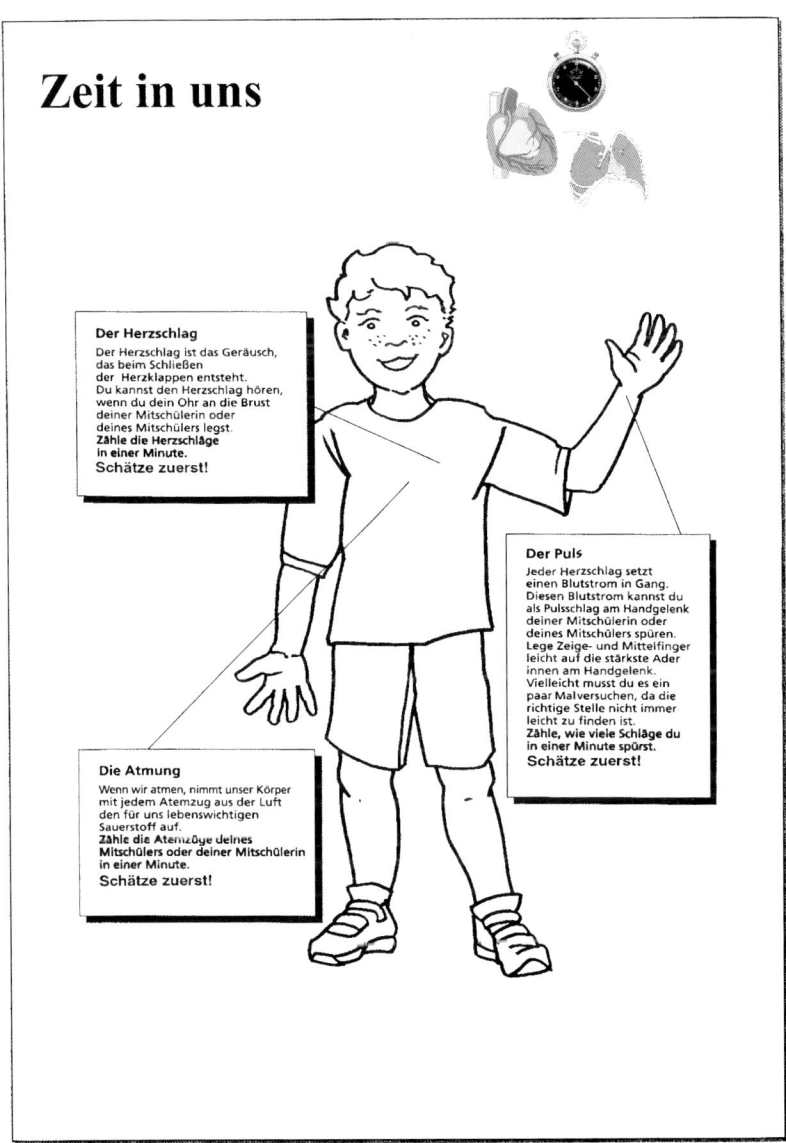

Zeit in uns

Der Herzschlag

Der Herzschlag ist das Geräusch, das beim Schließen der Herzklappen entsteht. Du kannst den Herzschlag hören, wenn du dein Ohr an die Brust deiner Mitschülerin oder deines Mitschülers legst. **Zähle die Herzschläge in einer Minute. Schätze zuerst!**

Der Puls

Jeder Herzschlag setzt einen Blutstrom in Gang. Diesen Blutstrom kannst du als Pulsschlag am Handgelenk deiner Mitschülerin oder deines Mitschülers spüren. Lege Zeige- und Mittelfinger leicht auf die stärkste Ader innen am Handgelenk. Vielleicht musst du es ein paar Mal versuchen, da die richtige Stelle nicht immer leicht zu finden ist. **Zähle, wie viele Schläge du in einer Minute spürst. Schätze zuerst!**

Die Atmung

Wenn wir atmen, nimmt unser Körper mit jedem Atemzug aus der Luft den für uns lebenswichtigen Sauerstoff auf. **Zähle die Atemzüge deines Mitschülers oder deiner Mitschülerin in einer Minute. Schätze zuerst!**

Mein Ergebnis:

Zeit in uns

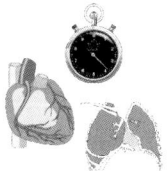

1. Schätze zuerst deine Herzschläge, Atemzüge und Pulsschläge ab! Bitte dann eine Mitschülerin oder einen Mitschüler, deine Herzschläge und deine Atemzüge in einer Minute zu zählen. Die Pulsschläge kannst du entweder selbst zählen oder von deinem Mitschüler zählen lassen. Wechselt euch anschließend ab!

Ergebnisse:

	geschätzt	gemessen
Herzschläge in 1 Minute		
Atemzüge in 1 Minute		
Pulsschläge in 1 Minute		

2. Mache jetzt 20 Kniebeugen! Schätze und messe danach noch mal!

Ergebnisse:

	geschätzt	gemessen
Herzschläge in 1 Minute		
Atemzüge in 1 Minute		
Pulsschläge in 1 Minute		

2.4 Analysieren von Texten

1) Begriff

Texte, als schriftliche oder mündliche Form der Sprache, können in unterschiedlichen Medien repräsentiert sein. Sprachtexte finden sich vor allem auf Kassetten und CDs, welche die Schallplatte fast vollständig verdrängt haben und dank des digitalen Aufnahmeverfahrens in gleichbleibend guter Qualität zur Verfügung stehen.

Schriftliche Texte können den Schülern in vielfältiger Form präsentiert werden. Neben Büchern und Zeitschriften spielen vor allem kurze Sachtexte, die individuell zusammengestellt werden können, eine große Rolle.

Durch die Einführung der sogenannten neuen Medien ergeben sich hervorragende Möglichkeiten, Texte multimedial zu präsentieren und so die Vorteile der verschiedenen Sinnesdarbietungen miteinander zu kombinieren. Vor allem im naturwissenschaftlichen Bereich werden die Vorteile der digitalen Medien zunehmend genutzt. So lassen sich beispielsweise für Sachtexte zu Tieren kurze informative Texte mit Bildern, Originaltönen und Geräuschen und sogar Videosequenzen zu spezifischen Verhaltensweisen auf einer CD-ROM kombinieren und den Schülern zur Informationsentnahme zur Verfügung stellen.

2) Bedeutung der Textanalyse für den Lernprozess

Der Analyse von Texten kommen im Lernprozess der Schüler unterschiedliche Funktionen zu:

– die selbstständige Informationsentnahme aus Texten dient der Vermittlung von Erkenntnissen vor allem da, wo die Möglichkeit der selbsttätigen Auseinandersetzung mit realen Materialien nicht oder nur eingeschränkt möglich ist

– die Auseinandersetzung mit Texten dient der Festigung von Wissen

– die Rezeption unterschiedlicher Textsorten dient der Ausweitung erarbeiteter Wissensbereiche

– die Beschäftigung mit multimedialen Texten dient der Stärkung der Motivation

3) Durchführung einer Textanalyse

Die Analyse von Texten in ihrer Funktion der selbstständigen Erarbeitung von Informationen und neuen Erkenntnissen für den Schüler, kann in vier Schritte untergliedert werden:

– Fragen nach unbekannten Wörtern und Klären von neuen Fachbegriffen:
Schüler sind meist bemüht, einen neuen Text allgemein zu erfassen. Spezifische Details und wichtige Einzelbegriffe dringen dabei nicht genügend tief

in den Wahrnehmungsbereich der Schüler ein. Aus diesem Grund empfiehlt es sich, durch gezielte Fragen und Arbeitsaufträge in schriftlicher oder mündlicher Form, die Schüler behutsam zu den entscheidenden Textstellen zu führen und eine erhöhte Aufmerksamkeit für Fachtermini anzubahnen.

- Informationsfragen zum Text:
  In diesem Schritt werden von den Schülern wichtige Informationen und Zusammenhänge erarbeitet, die dem Text direkt entnommen werden können. Dabei muss unbedingt sichergestellt werden, dass alle Schüler die Hauptaussagen des Textes erfasst haben.
- Nachempfinden der Argumentationslinien des Textes:
  Um die Argumentation, vor allem bei Sachtexten, ausreichend verstehen zu können, empfiehlt es sich, wenn die Schüler die Kernaussagen des Textes nachempfinden. Dafür stehen mehrere Techniken zur Verfügung: gliedern eines längeren Abschnittes in kurze Absätze, finden von Überschriften zu einzelnen Absätzen, markieren von Schlüsselbegriffen und Formulierungen, nacherzählen von Absätzen mit eigenen Worten.
- Benennen und bewerten der Aussagen des Textautors:
  Mit Hilfe der explizit formulierten oder versteckt enthaltenen Behauptungen des Autors, wird der theoretische, geschichtliche oder weltanschauliche Hintergrund beleuchtet, in dem der Text steht. Dabei sollte vor allem geprüft werden, ob die Argumente des Textes schlüssig und widerspruchsfrei sind.

4) Beispiele

Im Rahmen einer „Hexenwerkstatt" wurden vielfältige Möglichkeiten zur Analyse von Texten angeboten. Die Arbeitsanleitungen in Kartenform sollten sicherstellen, dass alle Schüler, die sich mit der Aufgabe befassen wollten, das richtige Material und einen unterstützenden Arbeitsauftrag vorfinden.

Hexenwerkstatt

LESESPASS IM HEXENHAUS

Ich kenne verschiedene Hexenbücher.

A.
- An der Tür des Hexenhauses hängen die Auftragskarten
- Wähle eine aus.
- Die Hexenbücher und die Arbeitsblätter dazu liegen auf dem Hexenregal auf.
- Viel Spaß beim Lesen!

M. Arbeitsauftrag, Arbeitsblätter, Hexenbücher

Rätsel zu einem Buch lösen

Ich kann Rätsel zu einem Buch lösen.

A. ☑ Wähle ein Buch aus.
    ☑ Nimm das Arbeitsplatz und löse das Rätsel.

M. „Irma hat so große Füße" oder „Fiffi und die Hexe"
    oder „Hexengeschichten".

SCHNUPPERN IN EINEM HEXENBUCH

Ich kenne den Inhalt eines Hexenbuches

A. ☑ Wähle ein Buch aus.
    ☑ Nimm das Arbeitsblatt dazu.
    ☑ Löse die Aufgaben auf dem Arbeitsblatt.

M. „Die kleine Hexe" oder „Hexe Lakritze" oder
    „Heute wird gehext" oder
    „Hexe Lilli zaubert Hausaufgaben"
    Buch, Arbeitsblatt, Schreibzeug

Hexensprüche aufschreiben

Ich kann Hexensprüche aufschreiben.

A.
- ☑ Wenn du beim Lesen einen Hexenspruch findest,
  schreibe ihn auf ein Blatt Papier.
- ☑ Schneide ihn aus und hänge ihn an die Stellwand.
- ☑ Hexensprüche findest du in: „Die Hexe Lakritze", „die Hexenkugel", „Fiffi und die Hexe".

HEXEN - KRÄUTERGARTEN

Ich kann mir Informationen über ein Gewürz beschaffen.

A.
- ☑ Suche im alphabetischen Inhaltsverzeichnis des Buches „Gewürze und Kräuter" nach dem ausgewählten Gewürz.
- ☑ Zeichne die Pflanze so genau wie möglich in dein Heft.
- ☑ Schreibe Namen, Verbreitung, Anwendung als Heilmittel, Aroma und Geschmack auf.

Hexenwerkstatt

HEXENALGEBRA

Ich lerne das Magische Quadrat kennen.

A.
- ✓ Lies das Gedicht von J. W. v. Goethe
- ✓ Nimm das Arbeitsblatt
- ✓ Lies die „Arbeitsaufträge" genau.
- ✓ Führe sie aus.

M.   Gedicht, Arbeitsblatt, Kontrollblatt, Folienstift,
Kontrollblatt

In einer Werkstatt zum Thema „Jahreszeiten" wurden die Möglichkeiten multimedialer Textarbeit genutzt. Zum Thema „Tiere und Pflanzen im Wandel der Jahreszeiten" wurden auf einer CD-ROM vielfältige Informationen in Form von kurzen Sachtexten, Bildern, schematischen Zeichnungen und Tönen zusammengestellt.

Die CD-ROM stand während der Arbeitsphasen allen Schülern zur Verfügung und konnte zum informativen Schmökern benutzt werden. Als Anleitung zu einer tieferen Durchdringung der Thematik stand ebenfalls ein Arbeitsblatt mit vorbereiteten Sachfragen zur Verfügung, die mit Hilfe der CD-ROM beantwortet werden konnten.

Die Fragen dienten einer besseren Strukturierung der angesprochenen Themen und sollten keinesfalls in einer festgelegten Reihenfolge abgearbeitet werden.

Pflanzen und Tiere

im Wandel der
Jahreszeiten

Hier am Computer erfährst du etwas über die Veränderungen von Pflanzen und das unterschiedliche Verhalten von Tieren zu den unterschiedlichen Jahreszeiten.
Versuche nun, mit Hilfe dieser Informationen einige der folgenden Fragen zu beantworten!

Vielleicht kennst du die Antwort auf manche Fragen bereits. In diesem Fall kannst du die Informationen des Computers nutzen, um deine Antwort zu überprüfen.

1. Manche Vogelarten verlassen uns im Winter (Zugvögel), andere Vögel bleiben bei uns. Es gibt aber auch Arten, bei denen nur ein Teil (z. B. die Weibchen) in den Süden ziehen.
   a) Wie nennt man solche Vögel?
   b) Nenne Vögel, von denen nur ein Teil in den Süden fliegt!

2. Welches Tier verändert im Winter die Farbe seines Fells?

3. Nenne jeweils zwei Tiere, die
   a) Winterschlaf halten
   b) Winterruhe machen
   c) keinen Winterschlaf und keine Winterruhe machen

4. Die Blütezeit von Pflanzen ist unterschiedlich. Welche Blume blüht im
   a) Frühling?
   b) Sommer?
   c) Herbst?
   d) Winter?

5. Es gibt Blumen, die giftige Stoffe enthalten. Oft werden diese Stoffe als Arznei in der Medizin eingesetzt.
   Finde drei Blumen mit giftigen Stoffen!

6. Manche Blumen haben Wurzeln und andere wachsen aus einer Zwiebel (Knolle). Nenne jeweils zwei Blumen, die
   a) Wurzeln haben!
   b) aus einer Zwiebel blühen!

7. Die meisten Nadelbäume behalten im Winter ihre Nadeln. Welcher Nadelbaum verliert seine Nadeln im Winter?

8. Ordne die abgebildeten Blüten bzw. Früchte dem richtigen Baum zu.

a)   b)

c)   d)

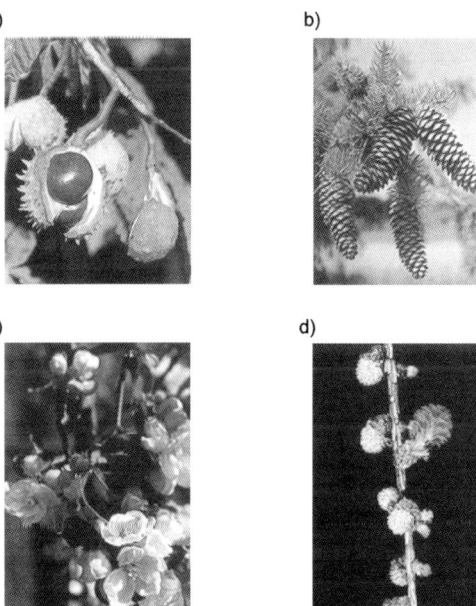

9. Schmetterlinge verbringen den Winter unterschiedlich. Nenne jeweils eine Art, die
   a) sich einspinnt (verpuppt) und überwintert.
   b) an einem kühlen Platz überwintert.

Mein Ergebnis:

Pflanzen und Tiere im Wandel der Jahreszeiten

Ergebnisse:

1. a) _____

    b) _____

2.   _____

3. a) _____, _____, _____

    b) _____, _____, _____

    c) _____, _____, _____

4. a) _____

    b) _____

    c) _____

    d) _____

```
5. _____, _____, _____


6. a) _____

   b) _____


7.    _____

8. c) _____

   b) _____

   c) _____

   d) _____

9. a) _____

   b) _____
```

2.5 Geschichten schreiben

Freie Formen des Schreibens dienen in der Schule seit je her dazu, Kindern die Möglichkeit zu geben, ihre Ideen, Gedanken und Befindlichkeiten spontan und offen artikulieren zu können. Ganz nebenbei entwickelt sich dabei eine kreative Ausdrucksfähigkeit, die nicht durch formale Lehrgänge mit normorientierten Bewertungsmustern stark eingeschränkt wird.

Neben positiven Effekten für die sprachliche Entwicklung der Kinder in Verbindung mit einer Ausweitung kommunikativer Kompetenzen lassen sich auch Vorteile für schulisches Lernen im Allgemeinen festhalten:

Schreiben ermöglicht es, persönliche Erlebnisse festzuhalten und sich im Prozess der Fixierung reflexiv mit diesen Erlebnissen auseinander zu setzen. Die schriftsprachliche Gestaltung fordert geradezu einen neuerlichen Verarbeitungsprozess heraus, der häufig persönliche Klarheit schafft.

– Schreiben unterstützt als Kulturtechnik sämtliche Lernprozesse durch die Möglichkeiten, Ergebnisse festzuhalten, Notizen und Gedankengänge zu fixieren oder Fragen und Probleme transparent zu machen. Der Prozess der strukturierenden Ordnung von Einzelfakten, der für eine erfolgreiche Konstruktion von Wissen unbedingt notwendig ist, wird durch die Möglichkeit der Verschriftlichung von Fakten stark unterstützt.

– Schreiben bietet die Möglichkeit, Gefühle und persönliche Stimmungen dar-zustellen und anderen mitzuteilen.

Schreiben kann also je nach situativem Anlass dem Erkenntnisgewinn, der Selbsterfahrung, der Selbsterkenntnis oder der Einflussnahme auf die objektive Welt dienen.

Entscheidend für den Schreibprozess ist die Darbietung geeigneter Schreib-anlässe für die Kinder. Sie sollen

– einen möglichst starken Bezug zu dem zu bearbeitenden Themenbereich auf-weisen, ohne dabei künstlich zu wirken,
– einen hohen Aufforderungscharakter besitzen,
– möglichst nahe an realen Schreibsituationen des täglichen Lebens bleiben und
– eine einengende Aufgabenstellung, die nur wenige Lösungsmöglichkeiten zu-lässt, vermeiden.

Die „Hexenwerkstatt" zeigt eine Reihe von Möglichkeiten, wie Kindern im Rahmen der Werkstattarbeit Schreibanlässe angeboten werden können.

Hexenwerkstatt

HEXENSAGE

Ich kann eine Hexensage schreiben

A.　☑ Lies den Text über die „Sage".

　　　☑ Schreibe eine Sage, in der eine Hexe vorkommt.

　　　☑ Beachte dabei die Spielregeln → siehe Vorlage

M.　　Text: Sagen, Schreibregeln, Heft, Schreibzeug

Hexenwerkstatt

Hexentreppengeschichten

A.　Versuche eine ähnliche Hexentreppengeschichte

　　zuschreiben.

　　z.B.　　Hexe

　　　　　Hexe Kassandra

　　　　　Hexe Kassandra fliegt

　　　　　Hexe Kassandra fliegt auf

　　　　　Hexe Kassandra fliegt auf ihrem

　　　　　Hexe Kassandra fliegt auf ihrem Besen.

M.　　Heft, Stift

Hexenbrief

A.   ✔   Schreibe der Hexe Hexanna einen Brief

     ✔   Nimm die Vorlage und schreibe in den Hexenweg, was du von der Hexe Hexanna wissen möchtest.

     ✔   Du kannst auch etwas über dich schreiben.
Die Hexe Hexanna ist auch daran interessiert.

     ✔   Schneide das Hexenbriefcouvert aus, falte und klebe es.

     ✔   Beschrifte das Couvert.

     ✔   Gib den geschriebenen Brief in das Couvert.

     ✔   Klebe die Hexenbriefmarke auf.

     ✔   Wirf den Brief in den Hexenbriefkasten

Eine fantastische Hexengeschichte

A.   ✔   Lies den Anfang der Hexengeschichte.

     ✔   Schreibe diese Hexengeschichte zu Ende.

M.   Heft, Schreibzeug, Hexengeschichtenanfang

Hexenbesen – Hexentanz

A. ☑ Wähle ein Arbeitsblatt aus.

   ☑ Male die senkrechten Buchstaben farbig aus.

   ☑ Schreibe in die erste Zeile einen Satz,
   dessen erstes Wort mit dem angemalten
   Buchstaben beginnen muss.

   ☑ Setze die Arbeit Zeile für Zeile fort, sodass eine
   Geschichte entsteht.

   ☑ Klebe das Arbeitsblatt in das Heft.

   ☑ Lies deine Geschichte dem Nachbarn vor.

M. Arbeitsblatt, Farben, Schreibzeug, Heft,
   Klebstoff

Ein Beispiel

H	Heute ist großes Hexentreffen.
E	Eben ist die kleine Hexe auch eingetroffen.
X	Xandi, die Oberhexe hat, wie immer, Verspätung
E	
B	
E	
S	
E	
N	

Hexengegenstand – Geschichte

A   ☑   Wähle drei Hexengegenstände aus, die du finden kannst.

       ☑   Nimm die Gegenstände an deinen Platz.

       ☑   Verfasse eine Hexengeschichte, in welcher die drei Gegenstände eine wichtige Rolle spielen.

M   drei Gegenstände, Geschichtenheft, Schreibzeug

Eine Hexenkettengeschichte

A   ☑   Jeder Schüler schreibt einen Hexensatz in sein Heft

       ☑   Dann gibt er das Heft an den nächsten weiter.

       ☑   Nach dem Durchlesen wird ein passender Satz ergänzt

       ☑   Wenn das Heft die Runde gemacht hat, wird die Hexengeschichte zu Ende geschrieben.

Hexenwerkstatt

Hexenklebebilder – Geschichten

A   ✒   Suche in alten Heften und Zeitungen nach
Bildern, die du in einer Hexengeschichte
gebrauchen könntest.

     ✒   Nimm ein Bild und klebe es auf.

     ✒   Schreibe nun einen zum Bild passenden
Hexengeschichtenanfang.

     ✒   Klebe danach ein zweites Bild auf und schreibe die
Hexengeschichte zum Bild passend weiter.

     ✒   Setze deine Arbeit auf diese Weise fort, bis eine
zusammenhängende Hexenbildergeschichte
entsteht.

M   Bilder aus alten Heften und Zeitungen,
Geschichtenheft, Schreibzeug, Klebestoff,
Schere

Im Spiegel

A   ✒   Ich blicke in den Spiegel .....

     ✒   und ich sehe ....

     ✒   Ich sehe ....

     ✒   Und ich sehe ....

Hexenwerkstatt

Hexen - Krimskramskiste

A.

- ✓ Hole aus der Hexen - Krimskramskiste einige Gegenstände heraus.
- ✓ Du kannst mit ihnen spielen.
- ✓ Vielleicht können die Gegenstände sogar sprechen.
- ✓ Schreibe die Geschichte, die du gespielt hast, auf.

Hexenwerkstatt

Hexenbesuch

A. ✓ Stell dir vor, eine Hexe würde euch in der Klasse besuchen.....
- ✓ Was würde sie sagen?
- ✓ Was würdest du sagen?
- ✓ Wie würden deine Mitschüler reagieren?
- ✓ Und die Lehrerin?
- ✓ Zeichne den Hexenbesuch.
- ✓ Schreibe die Gespräche auf.

M. Schreibzeug, Farben, Heft, Zeichenblatt

1) Begriff

Bauen als konstruktives Erstellen von Objekten oder Räumen findet sich schon sehr früh im kindlichen Spiel. Kinder bauen sich fantasievolle Lebensräume (Höhle, Haus), technische Objekte (Auto, Schiff, Wasserrad) oder empfinden ganze Lebensbereiche nach (Bauernhof, Ritterburg).

Der Kindergarten nimmt die frühkindlichen Bauerfahrungen über Bauecken in sein Programm auf und erweitert konstruktive und soziale Bauerfahrungen der Kinder. Dabei steht der spielerische Charakter des Bauens eindeutig im Vordergrund.

Bauen im Rahmen der Werkstattarbeit betont eher die konstruktive und experimentierende Seite, bei der Lösungen des täglichen Lebens nachempfunden oder eigene technische Ideen probiert und realisiert werden können.

2) Beitrag des Bauens zum Lernprozess

Im experimentellen Erkunden der Kinder mit Hilfe von unterschiedlichen Baumaterialien werden fundamentale Prinzipien von Räumen oder technischen Objekten oder Abläufen spielerisch nachempfunden. Die Schüler gestalten reale Lösungen aus ihrer unmittelbaren Erfahrung nach und machen sie sich damit bewusst zu eigen. Der Prozess des Bauens zwingt zu einem exakten und tiefergehenden Blick auf die nachzuempfindenden Objekte und schärft damit die Aufmerksamkeit bei hoher Motivation.

Bei der Umsetzung eigener technischer Ideen und Lösungsansätze kann das vorhandene Kreativitätspotenzial ausgeschöpft und in Form realer Gegenstände sichtbar gemacht werden. Die Qualität der kreativen Lösungsansätze zeigt sich unmittelbar am erstellten Modell.

Bauen trägt als fachübergreifende Arbeitsweise zu vielen Aspekten schulischen Lernens bei. Der Umgang mit konstruktiven Elementen fördert die Exaktheit der Sprache und zeigt die Notwendigkeit von Fachtermini. Da Bauen zumeist in der Gruppe stattfindet, werden soziale Lernprozesse immens unterstützt. Die Notwendigkeit zur Kooperation bei größeren Gemeinschaftsbauwerken ergibt sich unmittelbar aus der Sache.

Beim Bauen technischer Objekte findet auch eine Förderung mathematischer Lernbereiche statt. Geometrische Grunderfahrungen, Messaufgaben, Berechnungen aller Art unterstützen den mathematischen Bereich und bieten natürliche Anlässe für mathematische Operationen.

Darüber hinaus werden beim Bauen elementare Grunderfahrungen der Kinder berührt:

– Formen begreifen: Im Prozess des Bauens werden die Schüler mit allen Arten von Formen konfrontiert, die in der realen Anschauung tief in das Bewusstsein dringen.

– räumliche Beziehungen erfahren: Bei der Konstruktion von Objekten oder Abläufen werden räumliche Beziehungen bewusst, die sich aus der unmittelbaren Anschauung ergeben.

– Normen erfahren: Im Nachempfinden von realen Gegenständen werden den Schülern vorhandene Normen und der sich daraus ergebende Nutzen bewusst. Normierte Gegenstände lassen sich leichter kombinieren, schränken aber auf der anderen Seite kreative Einzellösungen ein.

– Maßstäbe erkennen: Der Vorgang des Bauens ermöglicht Erfahrungen zur Maßstäblichkeit realer Gegenstände. Werden selbst konstruierte Objekte mit vorhandenen Spielsachen kombiniert, wird dies besonders deutlich.

3) Beispiele

Im Rahmen der „Brückenwerkstatt" sollten Schüler Hängebrücken konstruieren. Dazu stand ein großes Modell von zwei sich gegenüberstehenden Bergen zur Verfügung, die mit zahlreichen Brückenköpfen versehen waren.

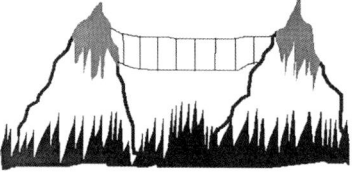

Baue eine Hängebrücke!

**Baue (ohne Kleber) eine Hängebrücke
von Berg zu Berg!**

Vergiss dabei nicht: Die Menschen, die die Brücke benutzen wollen, müssen sich festhalten können!

Als Material wurden Kisten mit Korken, Zahnstochern, Ästen, Strohhalmen, Streichhölzern und Schnüren angeboten, die einzeln oder kombiniert benutzt werden durften.

Die Schüler konstruierten und bauten immer in Zweiergruppen. Die Modellberge waren so groß, dass gleichzeitig mindestens drei Gruppen an unterschiedlichen Stellen eine Hängebrücke errichten konnten.

Mein Ergebnis:

Baue eine Hängebrücke!

1. Aus diesem Material habe ich die Hängebrücke gebaut

2. So habe ich die einzelnen Teile miteinander verbunden:

3. Stell dir vor, diese Spiel-Berge wären echt und du solltest als „kleiner Mensch" hier eine Hängebrücke bauen.
   Welche Schwierigkeiten hättest du, die du jetzt „im Spiel" nicht hattest?

Überlege z. B.:
- Aus welchen Materialien würdest du dann die Hängebrücke bauen?
- Woran könntest du eine Hängebrücke in einer „echten" Schlucht befestigen?
- Wie fängt man wohl eine solche „echte" Hängebrücke an?
- …

Im Rahmen der Werkstatt zum Thema „Zeit" sollten die Schüler eine Uhr bauen und damit das Grundprinzip der Zeitmessung erfahren. Vor der eigentlichen Konstruktion war eine gründliche Auseinandersetzung mit der Frage „Wie können Zeitabläufe gemessen werden" notwendig.

Als ergänzende Hilfestellung wurden am Computer kurze Texte zur Problematik der Zeitmessung angeboten, die selbst nachgeschlagen werden sollten.

Baue eine Uhr!

Hier siehst du unterschiedliche Materialien.

Baue daraus eine beliebige Uhr!

Denke daran: Um Zeit messen zu können, benötigt man Vorgänge, die immer gleich lange dauern. Würde man z. B. die Dauer des Frühstücks als Zeitspanne wählen, könnte man damit die Zeit nicht genau messen, da man nicht immer genau gleich lange frühstückt.

Falls du keine Idee haben solltest, dann hole dir Hilfe am Computer. Klicke hierzu auf das Symbol mit der Uhr, die du oben siehst.

Aber: Überlege zuerst selbst!

2.7 Arbeiten mit Modellen

1) Begriff

Der Begriff des Modells, abgeleitet vom lateinischen Wort „Modus" beziehungsweise der Verkleinerungsform „Modulus", bedeutet so viel wie Maß, Maßstab oder Art und Weise. Modelle sind vereinfachte Abbildungen von Originalen. Sie repräsentieren damit reale Systeme und entsprechen in wesentlichen Eigenschaften dem Original. Modelle sind jedoch anschaulicher, da bei der Modellbildung einzelne Merkmale eines komplexen Systems hervorgehoben bzw. ausgeblendet werden.

Ein Modell unterscheidet sich vom Original in folgenden Bereichen:

- stoffliche Zusammensetzung
- Maße und Dimensionen
- Abstraktion markanter und typischer Eigenschaften

Grundsätzlich kann zwischen Denkmodellen und Anschauungsmodellen unterschieden werden. Denkmodelle repräsentieren die Vorstellungen zu chemischen Formeln und Gleichungen, elektronischen Bausteinen oder mathematisch-physikalischen Gleichungen, die sich der realen Beobachtung entziehen. Anschauungsmodelle hingegen sind alle gegenständlichen Modelle. Jedem Anschauungsmodell liegt jedoch zunächst ein Denkmodell zu Grunde. Erst durch die stoffliche Umsetzung des Denkmodells zum Anschauungsmodell wird dieses für andere fassbar und ermöglicht es, an ihm teilzuhaben und mit ihm zu arbeiten.

Daneben existieren noch weitere Einteilungskriterien zu Modellen. Unterschieden wird demnach

- nach dem Ort im Erkenntnisprozess:
  - Forschungsmodelle dienen der Erkenntnisgewinnung
  - Lehr- und Lernmodelle dienen der Erkenntnisvermittlung
- nach den abgebildeten Eigenschaften:
  - Strukturmodelle veranschaulichen anatomische und morphologische Strukturen
  - Funktionsmodelle verdeutlichen das Prinzip dynamischer Vorgänge
- nach den Dimensionen der Abbildung:
  - zweidimensionale bildliche Modelle
  - dreidimensionale körperliche Modelle

2) Beitrag des Modells zum Lernprozess

Modelle haben die Aufgabe, zu einem besseren Verständnis eines Originals beizutragen. Sie sollen helfen, unbekannte Sachverhalte aufzuklären und transparent zu machen und bekannte Sachverhalte zu veranschaulichen. Sie dienen also der vereinfachten Darstellung eines Sachverhaltes oder der anschaulichen Vermittlung komplexer Vorgänge. Durch Modelle wird die Vorstellung von Schülern unterstützt, da diese eine didaktische Reduktion und eine Verdichtung der relevanten Merkmale in sich tragen. Daher bieten sie Verständnis- und Vorstellungshilfen an. Selbst komplexe dynamische Vorgänge können an einem Modell anschaulich und nachvollziehbar dargestellt werden. So können Vorgänge der Beobachtung zugänglich gemacht werden, die in der Realität nicht oder nur sehr schwer beobachtbar sind. Darüber hinaus verfügen Modelle, insbesondere Funktionsmodelle, über einen sehr hohen Grad an Motivation.

3) Voraussetzung für den Einsatz von Modellen

Für einen effektiven Einsatz von Modellen im Lernprozess müssen folgende Voraussetzungen erfüllt sein:

– Das Modell muss in seinen wesentlichen Eigenschaften dem Original entsprechen.
– Das Modell muss einfacher aufgebaut sein als das Original, ohne jedoch wesentliche Eigenschaften zu vernachlässigen.
– Das Modell muss in seinen Eigenschaften so exakt dem Original folgen, dass an ihm Voraussagen über das Original möglich werden.

Daher müssen im Vorfeld des Einsatzes Beziehungen zwischen dem Modell und dem Original exakt erfasst werden, um sicherzustellen, dass das Modell sachlich richtig und dennoch kindgemäß reduzierend aufgebaut ist.

Den Schülern muss an jeder Stelle im Lernprozess klar sein, dass Modelle die Realität nur repräsentieren, ihr aber keinesfalls entsprechen. Im Idealfall sind ihnen die Abweichungen des Modells von der Realität bewusst, so dass die Ausbildung einer fehlerhaften Vorstellung vermieden wird.

4) Beispiele

Im Rahmen einer Werkstatt zum Thema „Brücken" sollten statische Gesichtspunkte von Brücken anhand von Modellen veranschaulicht werden. Die Schüler konnten aus vorgefertigten Holzbausteinen jeweils eine gerade Brücke (mit Klebstoff) und eine Bogenbrücke (ohne Klebstoff) im Modell anfertigen.

Sehr beeindruckend war die Tatsache, dass das Modell der Bogenbrücke, das nur etwa 40 cm breit und 20 cm hoch war, das Gewicht eines Schülers tragen konnte.

Welche Brücke trägt den Stein?

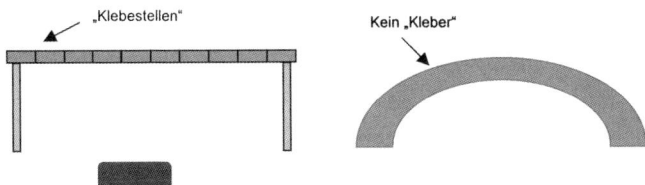

„Klebestellen"

Kein „Kleber"

1. Welche der beiden Brücken trägt den Stein? Kreuze die richtige Lösung an!

O die gerade Drücke (Holzklötze und Knete als „Kleber")
O die Bogenbrücke (nur Holzklötze ohne „Kleber")
O keine von beiden
O alle beide

2. Probiere nun aus, ob du richtig vermutet hast::

Baue beide Brücken auf!

- Bei der geraden Brücke: Hier musst du kleine Knetstückchen als „Kleber" zwischen die Holzklötze stecken.

- Bei der Bogenbrücke: Verwende den Papp-Unterbau als Stütze und lege die Klötze in der Reihenfolge der Zahlen darauf. Schiebe dann die Pappe vorsichtig heraus!

Lege nun den Stein jeweils auf die Mitte der Brücke!

Mein Ergebnis:

Welche Brücke trägt den Stein?

1. Ergänze:

Die _____ trägt (tragen) den Stein

2. Überlege:
   Warum ist das wohl so?
   (Ein Tipp: Denke an die Form der Holzklötze!)

_____

_____

_____

Und nun noch eine Frage für Schlauberger:

Warum hat diese Brücke einen Bogen?

Weil:

_____

_____

_____

_____

_____

Der Jahreskreis zum Thema „Zeit" ist in gewisser Weise auch als Modell zu betrachten, da er in Form einer strukturierten und formalisierten Übersicht den nicht real fassbaren Begriff der Jahreszeit repräsentiert. Es handelt sich also um ein Gedankenmodell.

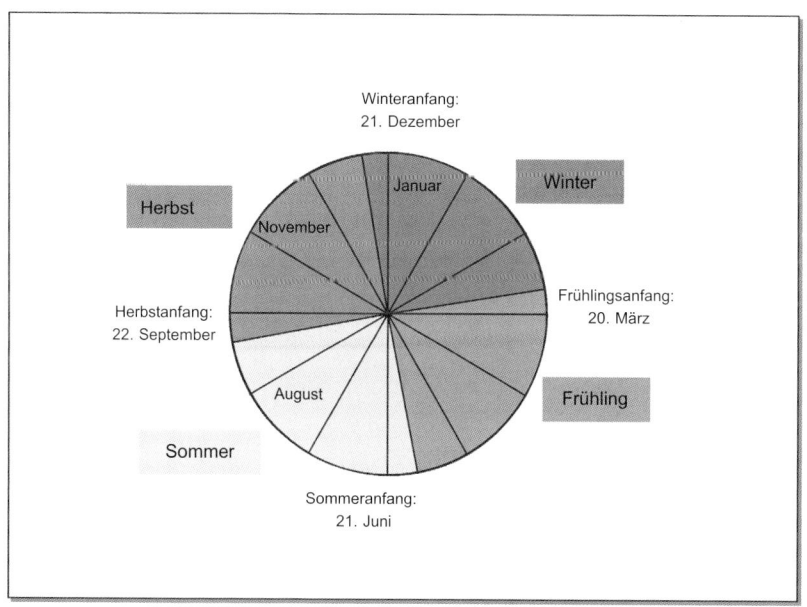

Der Jahreskreis

1. Schreibe die Monatsnamen in die entsprechenden Kästchen, ebenso die Nummern der Monate!

2. Schreibe die fehlenden Jahreszeiten in die entsprechenden Kästchen!

3. Schneide die Bilder aus dem kleinen Blatt aus, klebe sie in die entsprechenden Kästchen und male sie aus!

4. Vervollständige den Lückentext! Wenn du Hilfe brauchst, dann frage eine Betreuerin oder einen Betreuer.

5. In die Mitte des Jahreskreises kannst du das malen oder schreiben, was für dich im Jahr besonders wichtig ist!

Mein Ergebnis:

Der Jahreskreis

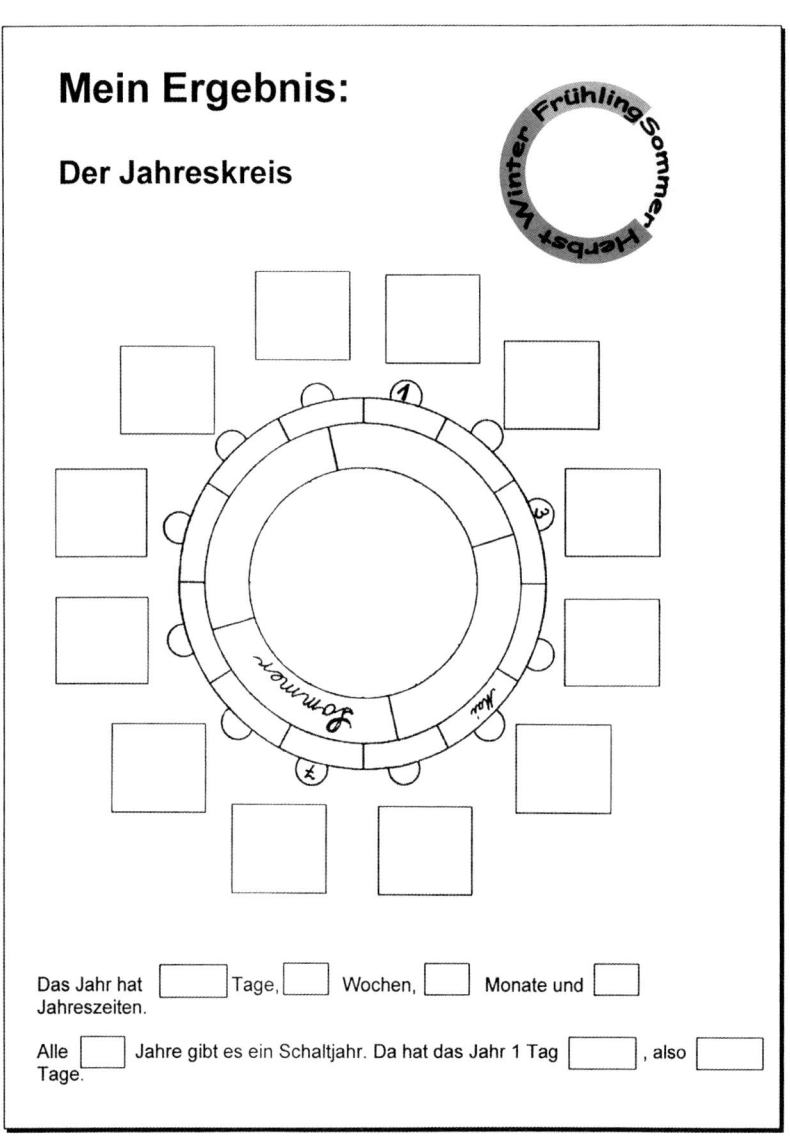

Das Jahr hat [ ] Tage, [ ] Wochen, [ ] Monate und [ ] Jahreszeiten.

Alle [ ] Jahre gibt es ein Schaltjahr. Da hat das Jahr 1 Tag [ ] , also [ ] Tage.

1) Begriff

Mit Hilfe der Beobachtung erfassen die Schüler Eigenschaften und Merkmale, räumliche Beziehungen oder zeitliche Abfolgen von Erscheinungen, ohne dabei grundlegend verändernde Eingriffe an den Objekten oder Prozessen vorzunehmen. Man unterscheidet dabei zwischen dem Betrachten von ruhenden Objekten (statische Beobachtung) und dem Beobachten von Bewegungen und Veränderungen von Objekten (dynamische Beobachtung).

Für die Erkenntnisgewinnung ist die Beobachtung und der Vergleich verschiedener Objekte sehr bedeutsam. Aus der vergleichenden Beobachtung heraus werden Begriffe entwickelt.

Unterschieden werden weiterhin die

– Gelegenheitsbeobachtung: sie ergibt sich zufällig bei anderen Arbeitsweisen und wird meist nur von einigen Schülern durchgeführt

– Kurzzeitbeobachtung: sie wird innerhalb einer Arbeitsphase abgeschlossen

– Langzeitbeobachtung: sie erstreckt sich über mehrere Arbeitsphasen und Arbeitstage und erfordert große Geduld seitens der Schüler und motivierende Anregungen seitens des Lehrers.

Beobachtung ist ein aktiver Vorgang. Das zu beobachtende Objekt wird räumlich und zeitlich erfasst, betrachtet, befühlt, Geschmack und Geruch werden wahrgenommen. Schüler sind keine neutralen Beobachter, die streng nach wissenschaftlich objektiven Kategorien vorgehen. Sie bringen in den Beobachtungsprozess ihre eigenen Wahrnehmungen, Gefühle, Einstellungen, Kenntnisse, Fähigkeiten und Fertigkeiten ein. Diese steuern in ihrem Zusammenwirken sehr stark die Motivation für die Beobachtung.

2) Beitrag der Beobachtung zum Lernprozess

In den Auseinandersetzungen mit den zu beobachtenden Objekten und Vorgängen lernen Schüler Wesentliches von Unwichtigem zu unterscheiden. Die geschulte Beobachtung ermöglicht es dem Schüler, die Vielfalt seiner Umweltanregungen zu ordnen und systematisieren. Eine Erziehung zum genauen Beobachten fördert die Fähigkeit zur Darstellung und Interpretation von Vorgängen.

Die Fähigkeit zur gezielten Beobachtung muss allmählich eingeübt werden. Die Schüler müssen lernen, dass Beobachten sehr zielgerichtet erfolgen muss. Dies kann in vier Schritten erfolgen:

– Wahrnehmen von entscheidenden Merkmalen eines Objekts: dazu ist die Fähigkeit nötig, einzelne Merkmale aus einem Gesamteindruck herauszulösen.

Schüler müssen behutsam dazu herangeführt werden, mit allen Sinnen spezifische Einzelfaktoren wahrzunehmen.

- die erfassten Merkmale bewusst machen: hierzu bedarf es vielfältiger Fähigkeiten, die den Vorgang der bewussten Wahrnehmung unterstützen: zählen, messen, zeichnen, formulieren. Nur so können Beobachtungsergebnisse objektiv dokumentiert werden.

- wichtige Merkmale auswählen: dazu bedarf es der Fantasie, Kreativität und Abstraktionsfähigkeit von Schülern.

- die Beobachtungsergebnisse sinnvoll zur Lösung eines Problems nutzen: dazu benötigen die Schüler ein großes Maß an Überblick, um die einzelnen Beobachtungen in einem Gesamtsystem einordnen zu können.

Beobachtungsaufgaben setzen komplexe geistige Operationen voraus. Dazu zählen:

- die Abstraktion (erkennen der Aufgabenstellungen, erfassen der wesentlichen und unwesentlichen Merkmale),

- die Klassifikation (zuordnen und in Beziehung setzen der Objekte),

- das Zergliedern (ausgliedern von Eigenschaften und Erfassung von Beziehungen zwischen Objektteilen),

- das Vergleichen (erfassen von Unterschieden),

- das Verallgemeinern (übertragen von Erkenntnissen auf andere Objekte),

- das Ordnen (in Beziehung setzen der Teilbeobachtungen).

3) Hinweise zur Durchführung

Beobachtungen finden sich vor allem im Zusammenhang mit naturwissenschaftlichen Fragestellungen. Bevorzugte Beobachtungsfelder sind

- die heimische Tier- und Pflanzenwelt

- Körperbau und Organe des menschlichen Körpers

- die Erscheinungsformen des Wassers

- die Entwicklung verschiedener Tiere und Pflanzen

- die Lebensweise von Tieren und Pflanzen in spezifischen Ökosystemen (Wasser/Sumpf, Wiese, Wälder).

Dabei können die Beobachtungen sowohl vor Ort in der realen Umgebung der zu beobachtenden Objekte stattfinden, wie auch im Klassenzimmer. Dies setzt allerdings voraus, dass die Beobachtungsobjekte in den Klassenraum verbracht werden müssen.

Für Kurzzeitbeobachtungen im naturwissenschaftlichen Bereich hat sich folgender Ablauf bewährt:
– erarbeiten einer Fragestellung
– besprechen einer möglichst schriftlichen Arbeitsanleitung
– erläutern und vorstellen der benötigten Hilfsmittel
– ausrüsten der Beobachtungsgruppen mit den Hilfsmitteln
– eigentlicher Beobachtungsvorgang in Partner- oder Gruppenarbeit
– sammeln der Beobachtungsergebnisse
– festhalten der Ergebnisse möglichst in schriftlicher Form
– besprechen und analysieren der Ergebnisse

Daneben findet sich die Beobachtung innerhalb anderer Arbeitsweisen eingebettet wieder. Vor allem beim Experiment ist es absolut notwendig, dass Schüler über ausgereifte Fähigkeiten zur Beobachtung verfügen. Ohne genaue und objektive Beobachtung kann der Vorgang des Experiments nicht erfasst und dokumentiert werden.

4) Beispiele

Im Rahmen einer Werkstatt zum Thema „Licht und Schatten" sollten die Schüler Beobachtungen dazu anstellen, dass Pflanzen das Licht suchen. Sie erhielten dazu die folgenden Aufgabenblätter:

Licht & Schatten

Pflanzen suchen das Licht!

Ich beobachte Keimlinge.

A: Schneide in die Frontseite einer Schuhschachtel eine Öffnung.
   Teile die Schachtel mit Kartonstreifen in drei Kammern. (Zeichnung)
   Fülle einen Blumentopf mit Erde.
   Stecke in die Erde 3–4 Bohnensamen.
   Stelle den Blumentopf in die hinterste Kammer.
   Beobachte jeden Tag die Keimlinge und später die Pflanze.

M: Schuhschachtel, Schere, Klebeband, Kartonstücke, Blumentopf, Blumenerde, Bohnensamen, Beiblatt, Beobachtungsblatt, Sonne, viel Geduld

---

Tag	Beobachtung
01.	
02.	
03.	
04.	
05.	
06.	
07.	
08.	
09.	

10.	
11.	
12.	
13.	
14.	
15.	
16.	

2.9 Sammeln und Ausstellen

1) Begriffsklärung

Sammeln meint in erster Linie das Zusammentragen von Gegenständen unterschiedlicher Art. Es kann sich dabei um reale Gegenstände, Bilder oder abstrakte Objekte handeln. Die gesammelten Objekte werden anschließend nach bestimmten Kriterien geordnet und unter Umständen ausgestellt. Ausstellungen sind demnach geordnete Sammlungen von gesammelten Objekten.

Sammeln und ausstellen sind also eng aufeinander bezogen. Sammeln dient der unverzichtbaren Vorbereitung für Ausstellungen, Ausstellungen sind ohne vorheriges Sammeln nicht denkbar.

Ausstellungen werden wie folgt unterschieden:
- kleinere, regelmäßig wechselnde Ausstellungen: werden vom Lehrer alleine oder von einigen Schülern in Gemeinschaft vorbereitet. Es handelt sich meist um ein eng begrenztes Thema.
- kleinere Ausstellungen, die längere Zeit ohne Wechsel bestehen bleiben.
- kleine Sonderausstellungen (Ergebnisse werden der ganzen Schule mitgeteilt).
- große Ausstellungen (mehrere Räume mit verschiedenen Themen werden der Öffentlichkeit zugänglich gemacht).

2) Beitrag des Sammeln und Ausstellens zum Lernprozess

Sammeln ist eine grundlegende Arbeitsweise. Das Interesse der Schüler am Sammeln kann für den Lernprozess genutzt werden. Wichtig ist dabei, dass die

Sammeltätigkeit, die oft eher zufällig und unvermittelt entsteht, gebührend gewürdigt wird. Die von den Schülern mitgebrachten Gegenstände sollten gemeinsam betrachtet und besprochen werden. Die Schüler entwickeln zu den gesammelten Gegenständen meist ein persönliches Verhältnis, da sie oft mit persönlichen Erlebnissen verknüpft sind.

Das Vergleichen, Bestimmen und Ordnen der gesammelten Gegenstände fördert die geistigen und manuellen Fähigkeiten der Schüler. Auch allgemeine Eigenschaften wie Aufmerksamkeit, Ordnungssinn, Ausdauer, Gewissenhaftigkeit, Sachlichkeit, Urteilsfertigkeit usw. werden gestärkt.

Ausstellungen haben folgende Bedeutung für den Lernprozess:
– sie werfen Probleme auf und wecken das Interesse der Schüler
– sie dienen der Wiederholung erarbeiteter Sachverhalte
– sie ermöglichen eine umfassende Beobachtung der Objekte ohne Zeitdruck
– sie erlauben es, unterschiedliche Veranschaulichungen zum selben Thema miteinander zu vergleichen
– sie ergänzen den Unterricht

Der wesentliche Wert einer Schulausstellung besteht in der aktiven Mitwirkung der Schüler. Die Schüler identifizieren sich mit ihrer Ausstellung. Durch den regelmäßigen Umgang mit den Objekten der Ausstellung kann es zu einem Wissenszuwachs kommen. Lehrer und Schüler verfolgen ein gemeinsames Ziel, gegenseitige Hilfe wird notwendig. Die Zusammenarbeit fördert das persönliche Kennenlernen.

3) Hinweise zur Durchführung

Beim Sammeln, vor allem von Naturobjekten sollte beachtet werden:
– Naturräume und Jahreszeiten berücksichtigen
– Objekte sammeln, die leicht zu bearbeiten, zu konservieren und gut aufzubewahren sind
– Pflanzen nicht ausreißen, sondern sorgfältig pflücken oder abschneiden
– Name des Objekts, Zugehörigkeit, Funddatum und Fundort beifügen
– Tiere nicht töten
– seltene Pflanzen und Tiere nicht sammeln
– nicht wahllos sammeln

4) Beispiele

Bei der Werkstattarbeit finden sich vielfältige Möglichkeiten zum Sammeln und Ausstellen: Sammeln von Informationen aus Printmedien und Internet im Prozess der Arbeit, aber auch vorbereitendes Sammeln von Gegenständen, wenn die Schülerinnen/Schüler an der Planung und Gestaltung der Werkstatt beteiligt werden. Ausstellen und Dokumentieren wiederum gehört zu den zentralen Aufgaben bei Werkstattlernen. Schüler sollen sich darin üben, ihre Lernergebnisse sachlich richtig und ansprechend den Mitschülern und dem Lehrer zu präsentieren.

III. Evaluation

Der Begriff Evaluation, der seit kurzem auf Grund der Diskussion um die innere und äußere Schulentwicklung für die Schulpädagogik zentral geworden ist, erinnert an lat. valere (stark sein, Erfolg haben) oder engl. value (Wert). Die Stärken und den Wert von Schule oder Unterricht herausfinden (vgl. lat. e/ex), das ist demnach die Aufgabe einer Evaluation. Dies zu tun, setzt voraus, dass man

1. Qualitätskriterien identifiziert hat, die eine Aussage über den Wert ermöglichen

2. Forschungsmethoden hat, mit deren Hilfe dieser Wert möglichst objektiv erfasst werden kann

3. Personen beauftragt, die als Experten der zu evaluierenden Sachverhalte fungieren.

Beim Werkstattunterricht muss daher zunächst geklärt werden, worin seine Qualität besteht, auf welche wissenschaftsmethodische Weise diese erfasst werden kann bzw. soll, sowie festgelegt werden, wer befugt ist, sich über dessen Stärke und Erfolg zu äußern. Eine solche Evaluation kann sich an die Vorgaben anschließen, die für den Offenen Unterricht bereits vorliegen.

1. Qualitätskriterien des Werkstattunterrichts

Die Evaluation des Werkstattunterrichts konzentriert sich in der Regel auf 5 Aspekte dieser Unterrichtsform, zu denen sich jeweils spezifische Qualitätskriterien angeben lassen:

1. Stellung des Werkstattunterrichts innerhalb des Klassenunterrichts
- Lehrplanbezug (Ziele und Inhalte der Jahrgangsstufe)
- Eignung des Themas und der Ziele für offenen Unterricht
- Verbindung mit dem lehrergesteuerten, lehrgangsorientierten Unterricht

2. Struktur der Werkstatt
- Typ und Modell der Werkstatt (vgl. Erfahrungswerkstatt, Fertigkeitswerkstatt, unterrichtsbegleitende Werkstatt als Büfett-Modell, Stationen-Modell oder Arbeitsplan-Modell)
- Berücksichtigung der Unterrichtsprinzipien Selbsttätigkeit, Differenzierung, Ganzheit, Strukturierung
- Verwendung unterschiedlicher Lernformen (entdeckendes Lernen, Freies Schreiben . . .), verschiedener Lernzugänge (produzierende, reproduzierende, reflektierende, gestalterische, spielerische, dokumentierende, zusammenfassende, identifizierende . . .), möglichst aller Sinne der Schüler, unterschiedlicher Arbeitstechniken/Lerntechniken und verschiedener Formen der Dokumentation und Präsentation der Lernergebnisse.
- Beachtung des sozialen Lernens durch die Wahl unterschiedlicher Sozialformen (Einzel-, Partner-, Gruppenarbeit) und durch die Organisation eines Helfer-/Tutorensystems
- sachgerechte und schülerorientierte Auswahl der Themenaspekte
- Festlegung von Pflichtaufgaben, Wahlpflicht- bzw. Wahlaufgaben
- Sinnvolle Verknüpfung vom bereits Bekannten mit Neuem
- Vorsehen von Lern- und Arbeitsstationen, die die Schüler selbst erstellen können
- Formen der Lernkontrolle zum Lernprozess und zum Lernerfolg (Arbeitspass, Laufzettel, Ablage der erledigten Arbeiten . . .)

3. Gestaltung der Lernstationen/Lernmaterialien
- Lernorte (Klassenzimmer, Flur, Fachraum) als gestaltete Lernumgebungen
- Ästhetik und Haltbarkeit des bereitgestellten Materials
- Art der Bereitstellung der Materialien: nur einmal vorhanden oder mehrmals, auf Tischen . . .
- Struktur und Formulierung der Arbeitsaufträge auf den Auftragskarten:

- Bezug zu den vorgegebenen Lernzielen erkennbar
- zur sachgerechten Lernhandlung anleitend
- einfach/verständlich/klar/gegliedert formuliert
- Verwendung von Symbolen/Zeichnungen/Piktogrammen zur Reduzierung von Schriftsprache
- motivierend gestaltet, von unterschiedlichem Schwierigkeitsgrad wegen der Lernunterschiede bei den Schülern, für lernschwächere Schüler kurzschrittig, konkret und mit wenig Text, mit Lösungshilfen und Selbstkontrollmöglichkeiten versehen . . .

- Übersichtsplan, Laufzettel, Korrekturmöglichkeiten

4. Schülerrolle und Schülerverhalten

- Alleinarbeit: mit oder ohne Hilfe des Lehrers, Tutors oder eines anderen Mitschülers
- Selbstgewählte Tätigkeiten: sachbezogen, konzentriert und mit Ausdauer oder sprunghaft und ablenkbar oder gar nicht auf den Lerngegenstand bezogen
- Sozialkontakte: durch die Arbeitsmaterialien veranlasst und darauf bezogen oder nicht sach- und unterrichtsbezogen, zu Erwachsenen oder Mitschülern
- Auswahl der Lernaufgaben: dem bisherigen Lern-Leistungs-Niveau entsprechender Schwierigkeitsgrad (realistische Einschätzung) oder zu hoch bzw. zu niedrig
- Bearbeitung der Lernaufgaben: konzentriert bis zur Lösungsfindung oder bei Schwierigkeiten Abbruch und Wechsel zu anderen Aufgaben
- Umgang mit dem Material: sorgsam und ordentlich oder nachlässig
- Äußere Form der Aufgabenbearbeitung: sauber, aufwändig gestaltet und interessant präsentiert (dokumentiert) oder ohne besonderes Engagement
- Allgemeinverhalten während des Werkstattunterrichts: den vereinbarten Regeln entsprechend oder die Arbeit der Mitschüler störend, durch die Freiheiten beim Lernen angeregt oder überfordert

5. Die Lehrerrolle

- Vorbereitung der Werkstatt: Sachanalyse, Didaktische Analyse, Erstellung, Organisation
- Teambesprechungen und Teamabsprachen
- Art der Einwirkung des Lehrers: Lernberatung, Einhilfe zum selbstständigen Weiterarbeiten der Schüler, Vorgabe der Lösung, Ermahnungen zum Arbeitsverhalten, nicht sachbezogene Bemerkungen
- Lern- und Verhaltensdiagnostik: systematisch – unsystematisch, offen – verdeckt, teilnehmend – nicht teilnehmend.

2. Schwierigkeiten der empirischen Überprüfung von Werkstattunterricht

Bei der Evaluation des Werkstattunterrichts sind zunächst grundlegende Unterscheidungen zu treffen und Fragen zu klären:

1. Erfolgt die Evaluation als Selbstevaluation durch die unterrichtenden Lehrerinnen und Lehrer oder als Fremdevaluation durch ein Expertenteam von außerhalb oder durch sogenannte „kritische Freunde"?

Alle genannten Evaluationsformen haben ihre Vorzüge und Nachteile. Für die Selbstevaluation, die auf einer intensiven Selbstwahrnehmung im Prozess des Planens und Durchführens von Unterricht beruht, spricht deren Praxisnähe, Handlungskonkretion und Erfahrungsorientierung. Zugunsten der Fremdevaluierung lässt sich auf deren kritisch-distanzierenden Blick auf das komplexe Unterrichtsgeschehen verweisen, der Zusammenhänge und Hintergründe zu entdecken erlaubt, die den Betroffenen selbst oftmals verborgen geblieben sind.

2. Welcher Forschungsmethoden bedient sich die Evaluation?

Zur Beantwortung dieser Frage bieten sich zahlreiche, höchst unterschiedliche Möglichkeiten qualitativer und quantitativer Art an, die zu sehr verschiedenen Forschungsergebnissen kommen können. Die meist verwendetsten sind

- Beobachtung – wobei hier meist von einer Gelegenheitsbeobachtung ausgegangen wird, die dann systematisiert wird
- Interview – sowohl als narratives Interview als auch als strukturiertes Interview durchführbar
- Befragung mittels Fragebögen – denkbar als Fragebogen mit offenen Fragen oder mit kleinschrittig detaillierten Fragen, mit freien Antworten oder multiple-choice-Antworten, anderen Auswahlantworten oder auch als Mischform
- Foto-Dokumentation – als Möglichkeit, Lehr- und Lernsituationen punktuell abzubilden und für eine Auswertung zu konservieren
- Laborexperimente – bei denen künstlich eine entsprechende Lernsituation ausgewählt wird und Schüler während ihrer Werkstattarbeit nach präzise operationalisierten Aspekten beobachtet werden
- Kontrollgruppenexperimente – die mit einer möglichst genau vergleichbaren Experimental- und Kontrollgruppe arbeiten und die durch Vergleich die besonderen didaktischen und pädagogischen Möglichkeiten des Werkstattunterrichts gegenüber anderen Unterrichtsformen zu eruieren erlauben.

Gegenüber eher qualitativ vorgehenden Forschungsmethoden erlauben die quantitativen Aussagen, die empirisch abgesichert, verallgemeinerbare Aussagen.

Ihr Nachteil ist nicht nur der hohe Aufwand, der mit ihnen verbunden ist, von der Identifizierung der verschiedenen Variablengruppen bis hin zur Ermittlung tatsächlich vergleichbarer Gruppen von Schülern und Lehrern, sondern auch der begrenzte Aussagewert, insofern die Allgemeingültigkeit der Ergebnisse nur unter der jeweiligen Bedingungskonstellation und dem jeweiligen Forschungsdesign gewährleistet ist.

An den Forschungen zum Offenen Unterricht allgemein lassen sich die Schwierigkeiten demonstrieren, denen auch die Überprüfung der Lernwirksamkeit von Werkstattunterricht unterliegt. H. Brügelmann (1999) hat sie in drei Punkten zusammengefasst. Seiner Meinung nach gibt es bei den bisher vorliegenden empirischen Untersuchungen kritisch anzumerken, dass sie

1. von unterschiedlichen Definitionen offenen Unterrichts (z. B. Offenheit in der Organisation, Offenheit in der Lehrer-Schüler-Kommunikation, Schülerselbsttätigkeit, Freie Arbeit usw.) ausgehen, unterschiedliche Aspekte offenen Unterrichts (z. B. Schülereinstellungen, Lehrereinstellungen, Schulleistungen) untersuchen und die festgestellte Offenheit unterschiedlich klassifizieren (z. B. Mitwirkung der Schüler bei der Planung, kognitive Passung, Zahl der Angebote usw.)

2. unterschiedliche Erfolgskriterien (z. B. Fachleistungen, Schlüsselqualifikationen) angeben, verschiedene Lernbereiche/Fächer untersuchen, Stichproben aus unterschiedlichen Lerngruppen ziehen und Untersuchungen in unterschiedlichen Kontexten (z. B. Schulsysteme in Deutschland oder im Ausland, Erziehungsstil der Eltern, Grad des sozialen Klimas in der Klasse usw.) durchführen

3. meist nur zahlenmäßig kleine Stichproben ohne Kontrollgruppen untersuchen und methodisch nicht immer genau geklärt sind.

3. Einzelbefunde zum Werkstattunterricht

In vielen Einzelstudien zum Offenen Unterricht (vgl. Brügelmann, 1999; Jürgens, 1997; Jürgens, 1999; Einsiedler, 1997; u. a.) hat sich bestätigt, was eigene Untersuchungen zum Werkstattunterricht erkennen lassen:

1. Bei bereichsspezifischen Unterschieden schneidet dieser Unterricht bei Grundqualifikationen, bei Einstellungen zu Schule, Unterricht, Mitschülern und Lehrern sowie bei Dimensionen der Persönlichkeitsentwicklung wie Selbstständigkeit, Kreativität, Ausdauer, Selbsteinschätzung oder Selbstwertgefühl besser ab als traditioneller, lehrerzentrierter Unterricht.

2. Bei den Fachleistungen zeigt sich in der Regel ein leicht niedrigerer Wert hinsichtlich der Quantität des gelernten Fachwissens, wobei die Fachleistungen hier insgesamt breiter gestreut sind.

Das heißt im Detail:

Positiv zu vermerken sind:

–   signifikant höhere Werte bei Kreativität, Selbstständigkeit, Experimentierlust, Sozialverhalten, positiver Einstellung zu Schule und Unterricht
–   besseres Arbeitsverhalten, größere Neugier, größeres Interesse und mehr Lernfreude
–   effektivere Nutzung der Lernzeit, höhere Konzentrationswerte als beim lehrergesteuerten Unterricht
–   realistische Selbsteinschätzung, erkennbar an der zutreffenden Aufgabenwahl bei ca. 80% der Schüler
–   weniger Störverhalten
–   mehr Zusammenarbeit unter den Schülern

Als Grenzen des Werkstattunterrichts zeigen sich:

–   Lernschwächere Schüler kommen damit schlechter zurecht, brauchen gezielte Hilfe und eigene, gut strukturierte Auswahlaufgaben.
–   Die bei den Aufgaben erforderlichen Lern- und Arbeitstechniken müssen vorher eingeübt sein.
–   Der reine Wissenszuwachs ist geringer als im lehrerinitiierten Unterricht.
–   Auf die Sicherung des selbsterarbeiteten Stoffes, der für alle Schüler verbindlich sein soll, muss der Lehrer besonders sorgsam achten.
–   Stundenplantechnische und räumliche Voraussetzungen sind nicht immer gegeben.

Die Befunde zeigen, dass beim Werkstattunterricht Differenzierungen nötig sind. Denn leistungsstarke Schüler profitieren am meisten von dieser Unterrichtsform. Leistungsschwächere Schüler schätzen sich dagegen häufiger falsch ein, verlieren oft nach kurzer Zeit das Interesse an den Aufgabenstellungen, verfügen meist auch nicht über die erforderlichen Arbeits- und Lerntechniken. Die Offenheit im Inhaltsbereich überfordert sie, sie bevorzugen hochstrukturierte Lernsituationen. Vor allem Schüler mit Schwierigkeiten im Lesen, Schreiben und Rechnen tun sich leichter im lehrerinitiierten Unterricht, entwickeln aber Lernfreude und Aufmerksamkeit besonders gut, wenn ihnen angemessene Aufgaben im offenen Unterricht zur Wahl gestellt werden.

Als Konsequenz ergibt sich daraus:

- Materialien für den Werkstattunterricht müssen immer sehr gut strukturiert sein.
- Der Lehrer/die Lehrerin sollte den lernschwächeren Schülern als Lernberater besonders viel zur Verfügung stehen und dabei lernstärkere Schüler als Tutoren bewusst einplanen.

Zeitweilig sollten Teams aus lernschwachen und lernstarken Kindern gebildet werden. Und: Lehrerinitiierter und offener Unterricht sollten stets aufeinander abgestimmt werden und sich ergänzen.

In Umfragen heben die Schülerinnen/Schüler hervor, was ihnen am Werkstattunterricht besonders gefällt. Bei einer Befragung von 100 Schülerinnen/Schülern Südtiroler Schulen im Jahre 2000 ergab sich die folgende Liste von Antworten:

„Ich mag am Werkstattunterricht, dass

- man sich selbst eine Arbeit aussuchen kann
- Arbeiten zum Basteln, Malen und Schreiben dabei sind, man bei der Hausaufgabe aussuchen kann, was man will
- es Gruppenarbeiten gibt
- es nicht so schwer ist
- man Partnerarbeiten machen kann, es aber auch Einzelarbeiten gibt.
- man sich die Arbeitsblätter selbst holen kann
- auch leichte Aufgaben dabei sind
- viele verschiedene Aufgaben zu machen sind
- ich dabei oft aufstehen kann
- man tolle Rätsel lösen kann
- er mir Spaß macht.

Die Schüler begrüßen also das große, abwechslungsreiche Lernangebot mit vielfältigem Unterrichtsmaterial und die Möglichkeit zum aktiven, selbstständigen und auswählenden Arbeiten, was ihren Spaß am Lernen vergrößert.

Probleme sehen die befragten Schülerinnen/Schüler durchaus auch. Diese liegen in der hohen Konzentration, in der Selbsttätigkeit und in der Unsicherheit, ob sie alles richtig machen und was sie davon wirklich behalten müssen.

In Umfragen unter 100 Lehrerinnen/Lehrern Südtirols im selben Jahr, die Werkstattunterricht praktizieren, zeigt sich eine ähnliche Evaluation. Sie bejahen mit überragenden Prozentwerten die Aussagen

– die Lernfreude der Schülerinnen/Schüler

– die Hilfsbereitschaft der Schüler untereinander

– die Ernsthaftigkeit und Konzentration der Lernarbeit

– das Wahlverhalten der Schüler

– die selbstverantwortliche Arbeitshaltung

seien erkennbar besser geworden.

Sie nehmen deutlich wahr, dass die positive Einstellung der Schüler/ Schülerinnen zum Lernen, zur Schule und zum Unterricht gewachsen ist, dass sie selbstständiger geworden sind und untereinander toleranter und sozialer. Aus den Erfahrungen befragter Lehrer/Lehrerinnen geht aber auch hervor, dass sie diese Unterrichtsformen differenziert sehen. Sie sehen sie besonders gut geeignet für leistungsstarke, entscheidungsfähige, ordnungsbewusste und selbstsichere Schüler sowie für Klassen mit guter Klassengemeinschaft. Sie bemerken aber auch, dass leistungsschwache, uninteressierte und unselbstständige Schüler leicht orientierungslos werden. Sie beklagen ferner, dass es bei einzelnen Schülern zu unordentlichen und unsauberen Arbeiten kommt sowie dass sie selbst weniger Überblick über die tatsächliche Leistung eines Schülers haben. Auch sehen sie bei allzu starker Ausdehnung dieser Unterrichtsform Schwierigkeiten bei der Vermittlung des nötigen Sachwissens.

Schlussgedanke: Werkstattunterrichte im Pro und Contra

Die Vorteile

Die Verfechter des Konzepts Werkstatt-Unterricht belegen mit zahlreichen Erfahrungsberichten die Vorzüge dieser Unterrichtsform.

Erstens ist Werkstatt-Unterricht in hervorragender Weise geeignet, den Schüler zu selbsttätigem und eigenverantwortlichem Lernen anzuhalten. Aus den Arbeitsaufträgen, die bereitgestellt werden, wählen die Schüler sich ihre Aufgabe nach ihrer leistungsthematischen Selbsteinschätzung aus. Da die Arbeitsaufträge nach Arbeitstechniken, fachlichem Schwerpunkt, Strukturierung, Schwierigkeitsgrad und Zeitaufwand unterschiedlich sind, ist Differenzierung und Individualisierung des Lernens möglich – allerdings nicht auf Grund der Zuweisung des Lehrers, sondern auf Grund der Wahlfreiheit jedes einzelnen Schülers, der sich nicht nur zutraut, etwas zu schaffen, sondern sich bei auftretenden Problemen auch der individuellen Förderung durch Mitschüler oder durch den Lehrer gewiss sein kann.

Zweitens fördert der Werkstatt-Unterricht beim Schüler die Motivation und die Freude am Lernen, da er nicht nur das Lern-Leistungsprofil, sondern auch den Lerntyp und die Lernweise des einzelnen Schülers berücksichtigt. Das Arbeitsmaterial ist vielfältig und abwechslungsreich, es stellt Aufgaben sowohl für konkret-sinnliches als auch für symbolisch-modellhaftes und für abstrakt-begriffliches Erfahrungslernen, ist möglichst handlungsorientiert. Arbeitsplätze können die durch Nischen und Lernecken umgestalteten, teilweise auch ummöblierten Klassenzimmer sein, aber auch Spezialräume, Flure oder Fachräume. Ganzheitliches Lernen in einer dem Lernverhalten des Schüler einerseits und dem zu erlernenden Sachverhalt andererseits angepassten Lernumgebung realisiert nicht nur die Aufgabe der Schule, das Lernen lernen zu lassen, sondern vermindert zugleich Disziplinkonflikte in der Klasse.

Drittens entwickelt sich in der Klasse durch das methodisch und medial variierte Lernangebot beim Werkstatt-Unterricht, das Stillarbeit, Einzelarbeit, Partnerarbeit, Gruppenarbeit, Rollenspiele, Reproduktion und Produktion von Wissen gleichzeitig und zur Wahl vorsieht, ein natürliches Beziehungsnetz der Schüler untereinander. Entsprechend den Aufgabenstellungen auf den Kärtchen gehen Schülerinnen und Schüler aufeinander zu, bitten um Hilfestellung, fragen sich gegenseitig, erstellen etwas gemeinsam, schätzen die eigene Leistung und die des Mitschülers ein, kontrollieren sich selbst und erfahren sich in der Rolle des Helfenden wie des Unterstützten. Die Schüler erwerben auf diese Weise Sach-, Selbst- und Sozialkompetenz gleichzeitg.

Viertens ändert sich im Werkstatt-Unterricht die Rolle des Lehrers. Hat er einmal die umfangreiche und langfristig geplante Materialbeschaffung für eine

Werkstatt bewältigt, so ist es nur noch seine Aufgabe, die Schülerarbeit „in Gang zu setzen". Danach kennzeichnet „aktive Zurückhaltung" sein Tun: Er steht zur Verfügung, wo seine Hilfe gebraucht wird, berät, beobachtet das Lernverhalten, ist ansprechbar bei Streitigkeiten und Meinungsverschiedenheiten, koordiniert die Schüleraktivitäten, wo er darum gebeten wird, korrigiert Details, stellt Lernfortschritte fest, macht Stichproben, fördert die Kontrolle durch den Lernpartner, die Klasse und vor allem die Selbstkorrektur des Schülers. Schließlich hält er noch die Schüler an, den Arbeitspass als eine Art „Ausweis", in dem die erfolgreiche Erledigung des Arbeitsauftrags bestätigt wird, ordnungsgemäß zu führen.

Die Nachteile

Gegen den Werkstatt-Unterricht werden seitens der Lehrer, der Eltern und der Schulverwaltung auch zahlreiche Einwände erhoben. Sie lassen sich zu zwei Gruppen zusammenfassen:

Erstens wird seine Realisierbarkeit in Frage gestellt. Im Blick auf die eigene Klasse einerseits und die zeitaufwändige Lehrervorbereitung andererseits, aber auch mit fachinhaltlichen Argumenten wird der Werkstatt-Unterricht als „schöne Utopie" abgetan. Dem ist allerdings dreierlei entgegenzuhalten: Zum einen – und das ist von Kritikern durchaus richtig gesehen – steigt für die Schülerinnen und Schüler beim Werkstatt-Unterricht die Belastung durch „Arbeits-Lärm", durch Bewegung im Klassenzimmer, durch das Nebeneinander verschiedener Lern- und Arbeitsformen sowie durch die Notwendigkeit, schriftliche Anweisungen und Anleitungen zu verstehen und auszuführen oder sich selbst für eine Aufgabe zu entscheiden. Hier können geschriebene oder ungeschriebene „Spielregeln" für das Verhalten in diesem offenen Unterricht vereinbart werden. In jedem Falle darf aber nicht erwartet werden, eine neue Unterrichtsform mit neuen Anforderungen an das Schülerverhalten gelinge sofort und ohne Umstellungsprobleme. Zum anderen – und auch da haben die Kritiker recht – ist die Vorbereitungsarbeit des Lehrers für den Werkstatt-Unterricht intensiver, aber auch anders als bei herkömmlichem Wochenrhythmus. Sie ist längerfristig, da Material beschafft und zu Teilarbeitsaufgaben bearbeitet werden muss. An das Material wiederum werden bestimmte Anforderungen gestellt. Es muss aus sich heraus verständlich und vielfältig sein, handlungsorientiert einsetzbar sein, lebensnah und konkret sein, offene Lösungswege ermöglichen und fächerübergreifendes Lernen favorisieren. Hinzu kommt noch die Erstellung von Werkstatt-Aufträgen, für die individualisiertes und soziales Lernen charakteristisch sein sollen. Verlagert sich diese Vorbereitungsarbeit und die Grobplanung der Werkstatt vielfach auch in die Ferienzeit oder auf das Wochenende, so wird der Lehrer dafür während der laufenden Werkstattarbeit entlastet. Zum dritten – und auch dieser Einwand ist nicht unberechtigt – eignet sich der Werkstatt-Unterricht nicht für alle Unterrichtsfächer gleichermaßen. Lerninhalte, die über einen längeren

Zeitraum kontinuierlich und schrittweise erarbeitet und vermittelt werden müssen, passen nicht zu dieser Unterrichtsform. Schließlich findet sich auch fast nie ein Werkstatt-Thema, das alle vom Lehrplan vorgeschriebenen Fächer der Klasse integrieren könnte. Infolgedessen bleibt während der Werkstatt-Phase, die als eine besondere Lernform da und dort in die Halbjahresplanung einbezogen wird, der Stundenplan der Klasse erhalten. Das Verhältnis, in dem lehrergesteuerter, lehrgangsorientierter Unterricht zu Werkstattunterricht steht, beträgt in der Regel 3:1 oder 4:1.

Zweitens wird gegen den Werkstatt-Unterricht eingewandt, er missachte die notwendige Leistungsüberprüfung. In der Tat soll sich im Werkstatt-Unterricht der Schüler leistungsmäßig selbst beurteilen lernen. Der Arbeitspass als „Kontrollpapier" informiert ihn selbst, die Klassenkameraden und den Lehrer lediglich über Menge und Schwierigkeitsgrad der gelösten Arbeitsaufträge; Konkurrenz und objektive Vergleichbarkeit sind nicht beabsichtigt, Ziffernnoten selten. Auswertende Gespräche mit den Schülern, aber auch mit deren Eltern, treten an die Stelle von Notenzahlenwerten, Wortgutachten werden von vielen als angemessenere Form der Leistungsbeurteilung angesehen. Doch ist durch die anschließende Lernkontrolle seitens des Lehrers die Ermittlung von Leistungsnoten keineswegs unmöglich, erst recht nicht, wenn die individuelle Bezugsnorm dabei zum Tragen kommt.

Literaturverzeichnis

Akademie für Lehrerfortbildung Dillingen (Hrsg.): Materialgeleitetes Lernen. Elemente der Montessori-Pädagogik in der Regelschule-Grundstufe. München 1991

Akademie für Lehrerfortbildung Dillingen (Hrsg.): Freies Arbeiten. Reformpädagogische Impulse für Erziehung und Unterricht in Regelschulen. Donauwörth 1994

Apel, H./Günther, B.: Mediation und Zukunftswerkstatt. Frankfurt/M. 1999

Bartnitzky, H./Christiani, R. (Hrsg.): Die Fundgrube für Freie Arbeit. Berlin 1998

Bastian, J.: Offener Unterricht. In: Pädagogik 1995, Heft 12

Bauer, R.: Lernen an Stationen in der Grundschule. Berlin 1997

Beck, G./Claussen, C.: Experimentieren im Sachunterricht. In: Die Grundschulzeitschrift, H. 139, 2000, S. 10–11

Beck, U.: Risikogesellschaft. Auf dem Weg in eine andere Moderne. Frankfurt/M. 1986

Bernet, R.: Werkstattunterricht. Bernhardzell 1990

Blömeke, I./Bosse, U./Görlich, R.: Offene Werkstattangebote. Seelze-Velber 1999

Bolland, A. (Hrsg.): Lernwerkstätten. Orte der Reform von Lehren und Lernen. Bremen 1993

Brandt, P./Thiesen, P.: Umwelt spielend entdecken. Ein Arbeitsbuch für Kindergarten, Hort und Grundschule. Weinheim 1991

Brügelmann, H./Fölling-Albers, M./Richter, S. (Hrsg.): Jahrbuch Grundschule. Fragen der Praxis – Befunde der Forschung. Seelze/Velber 1998

Brügelmann, H.: Öffnung des Unterrichts — Befunde und Probleme der empirischen Forschung. In: Steffens, U./Bargel, T. (Hrsg.): Lehren und Lernen im Offenen Unterricht. Empirische Befunde und kritische Anmerkungen (Hess. Landesinstitut für Pädagogik). Wiesbaden 1999, S. 71–98

Büeler, X.: System Erziehung. Ein bio-psycho-soziales Modell. Bern 1994

Burow, O. A./Neumann-Schönwetter, M. (Hrsg.): Zukunftswerkstatt in Schule und Unterricht. Hamburg 1995

Cwik, G./Egner, F./Risters, W.: Lernwerkstätten – Modell für die Schule der Zukunft. In: SchulVerwaltung NRW 10/1997, S. 271–273

Czerwenka, K.: Wie lernwirksam ist „Freie Arbeit"? In: Pädagogische Welt 1991, S. 395–399

Dewey, J.: Schule und öffentliches Leben. Berlin 1905

Dewey, J.: Wie wir denken. Berlin 1910

Dubs, R.: Konstruktivismus: Einige Überlegungen aus der Sicht der Unterrichtsgestaltung. In: Zeitschrift für Pädagogik 1995, S. 889–903

Duncker, L./Popp, W. (Hrsg.): Kind und Sache. Weinheim 1994

Dunkel, D. (Hrsg.): Lernstatt, Modelle und Aktivitäten deutscher Unternehmen. Köln 1983

Einsiedler, W.: Empirische Grundschulforschung im deutschsprachigen Raum – Trends und Defizite. In: Berichte und Arbeiten aus dem Institut für Grundschulforschung Nr. 85. Nürnberg 1997

Elwert, E./Kohli, M./Müller, H. K. (Hrsg.): Im Laufe der Zeit. Saarbrücken 1990

Erdmann, J. W./Rückriem, G./Wolf, E. (Hrsg.): Kindheit heute. Bad Heilbrunn 1996

Ernst, K.: Lernwerkstätten. Regionale Zentren für die innere Schulreform. In: paed extra & demokratische erziehung 5/1990, S. 6–10

Ernst, K./Wedekind, H. (Hrsg.): Lernwerkstätten in der Bundesrepublik Deutschland und Österreich. Frankfurt/M. 1993

Freinet, C.: Die moderne französische Schule. Paderborn 1965

Freinet, C.: Pädagogische Texte. Reinbek 1980

Gerbaulet, S.: Weiterlernen durch Handeln, Selbsthilfe und Fortbildung in Lernwerkstätten. In: Die Grundschulzeitschrift 1990, S. 28

Gerstenmaier, J./Mandl, H.: Wissenserwerb unter konstruktivistischer Perspektive. In: Zeitschrift für Pädagogik 1995, S. 867–888

Glasersfeld, E. v.: Wissen, Sprache und Wirklichkeit. Braunschweig 1987

Greeno, J. G.: The situativity of knowing, learning, and research. In: American Psychologist 53 (1998), S. 5–26

Gutzan, P.: Die Lernstatt. Effektiver lernen vor Ort. Grafenau 1982

Hagstedt, H.: Kinder und Erwachsene lernen gemeinsam. Grundschulwerkstatt Kassel. In: Grundschule 1992, H. 6, S. 12–14

Hagstedt, H.: Lernen anders erfahren – Unterricht neu entwerfen. In: Pädagogische Welt 1995, S. 395–397

Hagstedt, H.: Lerngärten und Werkstattunterricht. Gesamthochschule Kassel. 1994 (Reader)

Hasenbank, Th./Kremer, H. H.: Werkstattarbeit: Zukunft der Berufsschulen (Münchner Texte zur Wirtschaftspädagogik H. 10). München 1998

Heid, H.: Was ist offen im offenen Unterricht? In: Leschinsky, A. (Hrsg.): Die Institutionalisierung von Lehren und Lernen. Beiträge zu einer Theorie der Schule. Weinheim 1996, S. 159–167

Hellmich, A./Teigeler, P. (Hrsg.): Montessori-, Freinet-, Waldorfpädagogik. 3. Aufl. Weinheim 1995

Hempel, M. (Hrsg.): Lernwege der Kinder. Hohengehren 1999

Hentig, H. v.: Die Schule neu denken. (Erstauflage) München 1993

Hermanns, A.: Systemanalytisches Denken. Eine operationale Rekonstruktion systemtheoretischer Überlegungen für schultheoretische Reflexionen. Frankfurt/M. 1992

Hohmann, R.: Innovation in der Weiterbildung. In: Zeitschrift für Berufs- und Wirtschaftspädagogik 1986, S. 615–619

Huschke-Rhein, R.: Systemische Pädagogik. Bd. 3. Köln 1989

Jungk, R./Müllert, N. R.: Zukunftswerkstätten. Mit Phantasie gegen Routine und Resignation. München 1995

Jürgens, E.: Die ,neue' Reformpädagogik und die Bewegung Offener Unterricht. 6. Aufl. St. Augustin 1999

Jürgens, E.: Offener Unterricht im Spiegel empirischer Forschung. In: Pädagogische Rundschau 1997, S. 677–697

Kaiser, A.: Praxisbuch handelnder Sachunterricht. Hohengehren 2000

Kasper, H./Müller-Naendrup, B.: Lernwerkstätten – die Idee – die Orte – die Prozesse. In: Grundschule 1992, H. 6, S. 8–11

Kasper, H.: Lernwerkstätten – neue Hoffnungsträger für die Lehrerbildung! In: Grundschule 1994, H. 26,5, S. 79–85

Kerschensteiner, G.: Texte zum pädagogischen Begriff der Arbeit und der Arbeitsschule. Bd. 2. Hrsg. v. G. Wehle. Paderborn 1968

Kerschensteiner, G.: Produktive Arbeit und ihr Erziehungswert. In: Grundfragen der Schulorganisation. Leipzig 1907, S. 44–73

Klippert, H.: Kommunikationstraining. Weinheim 1996

Klippert, H.: Methodentraining. Übungsbausteine für den Unterricht. Weinheim 1994

Klose, V.: Zukunftswerkstatt Lebensplanung. In: Schulmagazin 5–10, 1998, H. 5, S. 37–41

Krüssel, H.: Konstruktivistische Unterrichtsforschung. Frankfurt/M. 1993

Kuhnt R.: Moderationsfibel Zukunftswerkstätten: verstehen – anleiten – einsetzen. Das Praxisbuch zur Sozialen Problemlösungsmethode Zukunftswerkstatt. Hrsg. v. d. Ev. Landjugendakademie Altenkirchen. Münster 1996

Laus, M./Schöll, G.: Aufmerksamkeitsverhalten von Schülern in offenen und geschlossenen Unterrichtskontexten. Nürnberg 1995

Lázló, F./Bernet, R.: Werkstattunterricht. Leitprogramm. Bernhardzell 1997

Luhmann, H.: Soziale Systeme. Grundriß einer allgemeinen Theorie. Frankfurt/M. 1987

Lumma, K.: Die Team-Fibel. Das Einmaleins der Team- und Gruppenqualifizierung im sozialen und betrieblichen Bereich. Ein Lehrbuch zum lebendigen Lernen. Hamburg 1994

Macha, H.: Die Fortschreibung des personalen Menschenbildes durch die systemische Pädagogik – die Welt der Kinder in den ersten Lebensjahren. In: Macha, H./Solzbacher, C. (Hrsg.): Zur Aktualität des personalen Menschenbildes. Frankfurt/M. 1996, S. 84–102

Maturana, H./Varela, F. J.: Der Baum der Erkenntnis. Die biologischen Wurzeln des menschlichen Erkennens. Bern 1987

Meier, R.: Im Sachunterricht der Grundschule: Methoden entdecken, Methoden entwickeln, mit Methoden arbeiten. In: Meier, R./Unglaube, H./Faust-Siehl, G. (Hrsg.): Sachunterricht in der Grundschule. Frankfurt/M. 1997, S. 115–125

Meyer, H.: Unterrichts-Methoden. Praxisband. 2. Aufl. Frankfurt/M. 1989

Mollenhauer, W.: Lernwerkstatt. Bemerkungen zu Schulräumen, in denen Schüler/innen lernen. Hrsg. v. Hessischen Institut für Bildungsplanung und Schulentwicklung (HSB). Wiesbaden 1993

Montessori, M.: Die Entdeckung des Kindes. 11. Aufl. Freiburg 1969

Müller, K. (Hrsg.): Konstruktivismus. Lehren-Lernen-Ästhetische Prozesse. Neuwied 1996

Nicolas, B.: Offener Unterricht zum Schulanfang. Berlin 1997

Oelkers, J./Tenorth, H. E. (Hrsg.): Pädagogik, Erziehungswissenschaft und Systemtheorie. Weinheim 1987

Pallasch, W./Reimers, H.: Pädagogische Werkstattarbeit: eine pädagogisch-didaktische Konzeption zur Belebung der traditionellen Lernkultur. 2. Aufl. Weinheim 1997

Pallasch, W.: Werkstattarbeit. In: Wiechmann, J. (Hrsg.): Zwölf Unterrichtsmethoden. 2. Aufl. Weinheim 2000, S. 143–154

Petersen, S.: Offene Unterrichtssituationen in ihren Höhen und Tiefen. In: Grundschule H. 6, 1996, S. 12–17

Peterßen, W.: Kleines Methoden-Lexikon. München 1999

Piaget, J.: Das Erwachen der Intelligenz beim Kinde. Stuttgart 1969

Piaget, J.: Meine Theorie der geistigen Entwicklung. Hrsg. v. R. Fatke. Frankfurt/M. 1983

Pommerin-Götze, G. u. a.: Es geht auch anders. Leben und Lernen in der multikulturellen Gesellschaft. Frankfurt/M. 1982

Rapaport, A.: Allgemeine Systemtheorie. Wesentliche Begriffe und ihre Verwendungen. Darmstadt 1987

Raufuss, D.: Handeln im Unterricht. In: Pädagogische Rundschau H. 51/1997, S. 699–709

Reich, K.: Systemisch-konstruktivistische Pädagogik. 2. Aufl. Neuwied 1997

Reichen, J.: Hinweise zum Werkstattunterricht. Zürich 1984

Reichen, J.: Lesen durch Schreiben. Wie Kinder selbstgesteuert lesen. H. 1. Zürich 1988

Reichen, J.: Werkstattunterricht, allgemeindidaktische und organisatorische Empfehlungen. Lehrerkommentar H. 2. Hamburg 1988

Reinmann-Rothmeier, G./Mandl, H./Erlach, Ch./Neubauer, A.: Wissensmanagement lernen. Weinheim 2001

Risse, E.: „Offener Unterricht" in der Evaluation. In: Lernende Schule H. 5, 1999, S. 14–17

Sacher, M./Weber, H.: Psychologie der Persönlichkeit. (Neuausgabe) München 1996

Saldem, M. v.: Erziehungswissenschaft und Neue Systemtheorie. Berlin 1991

Schappert, S.: Artikel „Zukunftswerkstatt (ZW)". In: Peterßen, W. H.: Kleines Methoden-Lexikon. München 1999, S. 288–293

Schardt, F.: Formen des Bewertens im Offenen Unterricht. In: Praxis Deutsch H. 155, 1998, S. 36–39

Schmidt, S. J. (Hrsg.): Kognition und Gesellschaft. Der Diskurs des Radikalen Konstruktivismus. 2. Aufl. Frankfurt/M. 1992

Schoeler, U.: Bauen – Aspekte eines lernfeldübergreifenden Themas. In: Meier, R.:/Unglaube, H./Faust-Siehl, G. (Hrsg.): Sachunterricht in der Grundschule. Frankfurt/M. 1997, S. 237–268

Schöll, G.: Offene Lernsituationen in der Grundschule. In: Ulonska, H. u. a. (Hrsg.): Lernforschung in der Grundschule. Bad Heilbrunn 1996, S. 197–218

Schröder, H.: Lernen-Lehren-Unterricht. München 2000

Schulze, G.: Die Erlebnisgesellschaft. Kultursoziologie der Gegenwart. Frankfurt/M. 1992

Speck, J. (Hrsg.): Geschichte der Pädagogik des 20. Jahrhunderts. Bde. 1 u. 2. Stuttgart 1978

Speck, O.: Chaos und Autonomie in der Erziehung. 2. Aufl. München 1997

Städeli, Ch./Obrist, W.: ELF-konkret: Erweiterte Lehr- und Lernformen. Aarau 1998

Taschner, D.: Spuren und Wege. Ein Werkstattbuch für die Grundschule. Seelze-Velber 2000

Topsch, W.: Lesenlernen/Schreibenlernen: Anregungen für einen handlungsorientierten Schriftsprachenerwerb. München 1999

Unglaube, H.: Experimente im Sachunterricht. In: Meier, R./Unglaube, H./Faust-Siehl, A. (Hrsg.): Sachunterricht in der Grundschule. Frankfurt/M. 1997, S. 224–236

Vaupel, D.: Offenen Unterricht strukturieren. In: Pädagogik H. 12, 1995, S. 95–98

Voß, R. (Hrsg.): Schul-Visionen. Theorie und Praxis systemisch-konstruktivistischer Pädagogik. Heidelberg 1998

Wagner, G./Schöll, G.: Selbständiges Lernen in Phasen freier Aktivitäten – Entwicklung eines Beobachtungsinventars und Durchführung einer empirischen Untersuchung in einer 4. Grundschulklasse. Nürnberg 1992

Wallrabenstein, W.: Offene Schule – offener Unterricht. 3. Aufl. Reinbek 1992

Weber, A.: Werkstatt-Unterricht. Mülheim a. d. R. 1998

Weber, E.: Pädagogik. Bd. 1 (Grundfragen und Grundbegriffe) T. 3. Donauwörth 1999

Weinert, F. E. (Hrsg.): Psychologie des Lernens und der Instruktion (Pädagogische Psychologie Bd. 2). Göttingen 1996

Weinert, F. E./Helmke, A. (Hrsg.): Entwicklung im Grundschulalter. Weinheim 1997

Weinert, F. E.: Neue Unterrichtskonzepte zwischen gesellschaftlichen Notwendigkeiten, pädagogischen Visionen und psychologischen Möglichkeiten. In: Bayerisches Staatsministerium für Unterricht, Kultus, Wissenschaft und Kunst

(Hrsg.): Wissen und Werte für die Welt von morgen. München 1998, S. 101–125

Werning, R.: Konstruktivismus. Eine Anregung für die Pädagogik. In: Zeitschrift für Pädagogik H. 7–8, 1991, S. 39–41

Wiater, W./Schönknecht, G. (Hrsg.): Forschungen und Berichte zur Lernwerkstatt. Heft 1–3. Augsburg 1994–1997

Wiater, W.: Die Lernwerkstatt – eine Möglichkeit zur Verbindung von didaktischer Theorie und didaktischer Praxis. In: ibw-journal 1999, S. 8–13

Wiater, W.: Unterrichten und Lernen in der Schule. 2. Aufl. Donauwörth 1997

Wiater, W.: Vom Schüler her unterrichten. Donauwörth 1999

Wiater, W.: Unterrichtsprinzipien. Donauwörth 2001

Willke, H.: Systemtheorie I. 4. Aufl. Stuttgart 1993

Willke, H.: Systemtheorie II. Stuttgart 1994

Woortmann, G. (Hrsg.): Weiterbildungsmodelle und Weiterbildungspraxis in Industrie, Handel, Banken, Versicherungen und Fremdenverkehr. München 1984

Zürcher, K.: Werkstatt-Unterricht. Am Beispiel 1x1. Didaktisches und Praktisches. Bern 1987

Zürcher, K.: Werkstatt-Unterricht. Am Beispiel 1x1. Zusatzmappe. Übungsaufgaben. Kartenspiele. Bern 1987

Die Autoren

Werner Wiater, geb. 1946, o. Universitätsprofessor, Dr. Dr., Ordinarius für Schulpädagogik, Universität Augsburg (Philosophisch-Sozialwissenschaftliche Fakultät) und Freie Universität Bozen (Fakultät für Bildungswissenschaften).

Elisabeth Dalla Torre, geb. 1959, Mitarbeiterin im Bereich Schulpädagogik der Freien Universität Bozen und Projektleiterin der Lernwerkstatt der Fakultät für Bildungswissenschaften der Freien Universität Bozen.

Jürgen Müller, Dr., geb. 1959, Schulpädagoge, Akademischer Direktor an der Pädagogischen Hochschule Heidelberg und Dozent an der Fakultät für Bildungswissenschaften der Freien Universität Bozen.

SCHRIFTEN DER PHILOSOPHISCHEN FAKULTÄTEN DER UNIVERSITÄT AUGSBURG

Philosophisch-Sozialwissenschaftliche Fakultät

Philologisch-Historische Fakultät

Werner Wiater

Rezeptionsgeschichtliche Studien zur Reformpädagogik

Band 56. 1991. 94 Seiten. Gebunden. ISBN 3-89650-035-X. EUR 12,27

Seit Jahren ebbt die Kritik an der staatlichen Regelschule nicht ab. Gleichzeitig verstärkt sich das Interesse an schulpädagogischen Ideen aus der Zeit der Reformpädagogischen Bewegung von 1890 bis 1933. Diese war bereits von Mitte der 60er bis Mitte der 70er Jahre ins Zentrum der pädagogischen Diskussion getreten. Das heute neu entfachte Interesse verbindet sich mit der Hoffnung , die Schwierigkeiten, Frustrationen und Friktionen des gegenwärtigen Schul- und Erziehungsalltags mit Hilfe von Innovationen der großen Reformepoche mildern oder abstellen zu können. Derartige hochgesteckte Erwartungen fordern zu rezeptionsgeschichtlichen Analysen der schulpädagogischen Reformidee heraus.

Im Mittelpunkt des Bandes stehen vier, hier erstmals veröffentlichte rezeptionsgeschichtliche Studien. Sie thematisieren die Leitideen der beiden großen reformpädagogischen Bewegungen dieses Jahrhunderts im wissenschaftlichen Diskurs und in erziehungspraktischen Anwendungsfeldern.

1. Der Einfluss J.-J. Rousseaus auf die Reformpädagogische Bewegung (1890–1933)

2. Georg Kerschensteiner (1846–1932) – ein unbeachteter Gymnasialpädagoge

3. Mittelschichtorientierte Erziehungsratgeber in der Zeit antiautoritärer Reformideologie

4. Das Unterrichtsprinzip Selbsttätigkeit   Markenzeichen für reformpädagogische Bestrebungen in der Schule

VERLAG ERNST VÖGEL – HOFERICHTERWEG 9 – 81827 MÜNCHEN

SCHRIFTEN DER PHILOSOPHISCHEN FAKULTÄTEN DER UNIVERSITÄT AUGSBURG
Philosophisch-Sozialwissenschaftliche Fakultät
Philologisch-Historische Fakultät

Christian Keck

Das Bildungs- und Akkulturationsprogramm des bayerischen Aufklärers Heinrich Braun

Eine rezeptionsgeschichtliche Werkanalyse als Beitrag zur Kultur-
geschichte der katholischen Aufklärung in Altbayern

Band 58. 1998. 502 Seiten (Darstellung). 2000 Seiten (Edition auf CD-ROM)
ISBN 3-89650-054-6. EUR 50,11

Heinrich Braun (1732-1792) gehört zu den bedeutenden Reformern und Modernisie-
rern des bayerischen Kulturlebens. Zwischen 1765 und 1785 gestaltete er die Kultur-
politik des Kurfürstentums Bayern in den Bereichen Sprache, Kommunikation, Schule,
Bildung und Religion aktiv mit. Sein vielfältiges reformerisches und schriftstellerisches
Wirken wurde von einem übergreifenden Bildungs- und Akkulturationsprogramm zu-
sammengehalten. Es enthält typische Elemente der katholischen Aufklärung.

Kecks kulturgeschichtliche Monographie unterzieht Brauns Gesamtwerk einer pro-
grammatisch-inhaltlichen und rezeptionsgeschichtlichen Analyse. Sie richtet den Blick
auf die Inhalte, Werte und Visionen seines Aufklärungsprogramms. Sie erfaßt die älte-
re und die zeitgenössische Literatur, die Braun rezipiert hat, und stellt mit bislang un-
bekannter Intensität einen für die altbayerische Aufklärung repräsentativen Reformer
vor.

Eine ergänzende Werkausgabe auf CD-ROM macht Heinrich Brauns Hauptschriften
im Umfang von rund 2000 Buchseiten in zeitgemäßer Form zugänglich. Einführender
Kommentar, tabellarischer Lebenslauf, chronologisches Werkverzeichnis und detail-
lierte Register erschließen die CD-ROM-Edition.

VERLAG ERNST VÖGEL – HOFERICHTERWEG 9 – 81827 MÜNCHEN